Henning Sietz

Genußradeln in der Lüneburger Heide

Steiger-Radführer

Henning Sietz

Genußradeln in der Lüneburger Heide

61 Farbabbildungen,
30 Tourenkarten und
eine Übersichtskarte

STEIGER
VERLAG

Der Autor:
Henning Sietz, in Hamburg lebend, ist als Journalist für Tageszeitungen und Autor von Reise- und Radtourenführern tätig. Die Lüneburger Heide hat er quasi von der Haustür aus auf zahlreichen Touren in den letzten Jahren durchforstet. Für diesen Band hat er die attraktivsten Routen aktuell recherchiert und fotografiert.

Die Deutsche Bibliothek – CIP-Einheitsaufnahme

Genussradeln in der Lüneburger Heide / Henning Sietz. -
Augsburg : Steiger, 1996
(Steiger-Radführer)
ISBN 3-89652-015-6
NE: Sietz, Henning

Alle Informationen und Hinweise ohne jede Gewähr und Haftung.

Gedruckt auf chlorfrei gebleichtem Papier.

Steiger Verlag

Kartenskizzen: Ingenieurbüro für Kartographie Heidi Schmalfuß, München
Umschlaggestaltung: Steinkämper Grafikdesign, Igling
Layoutentwurf: VerlagsService Dr. Helmut Neuberger & Karl Schaumann, Heimstetten
Satz und Layout: G. Pfeifer, Germering
Reproduktion: litoservice, Bozen
Druck und Bindung: Interdruck, Leipzig

Einbandvorderseite: Am Wilseder Berg;
Einbandrückseite: Familie auf Fahrrädern in der Lüneburger Heide (IFA-Bilderteam, München / Foto: IPP);
S.1: Kloster Walsrode;
S.2/3: In der Südheide südlich von Citronenberg

Printed in Germany

ISBN 3-89652-015-6

Inhalt

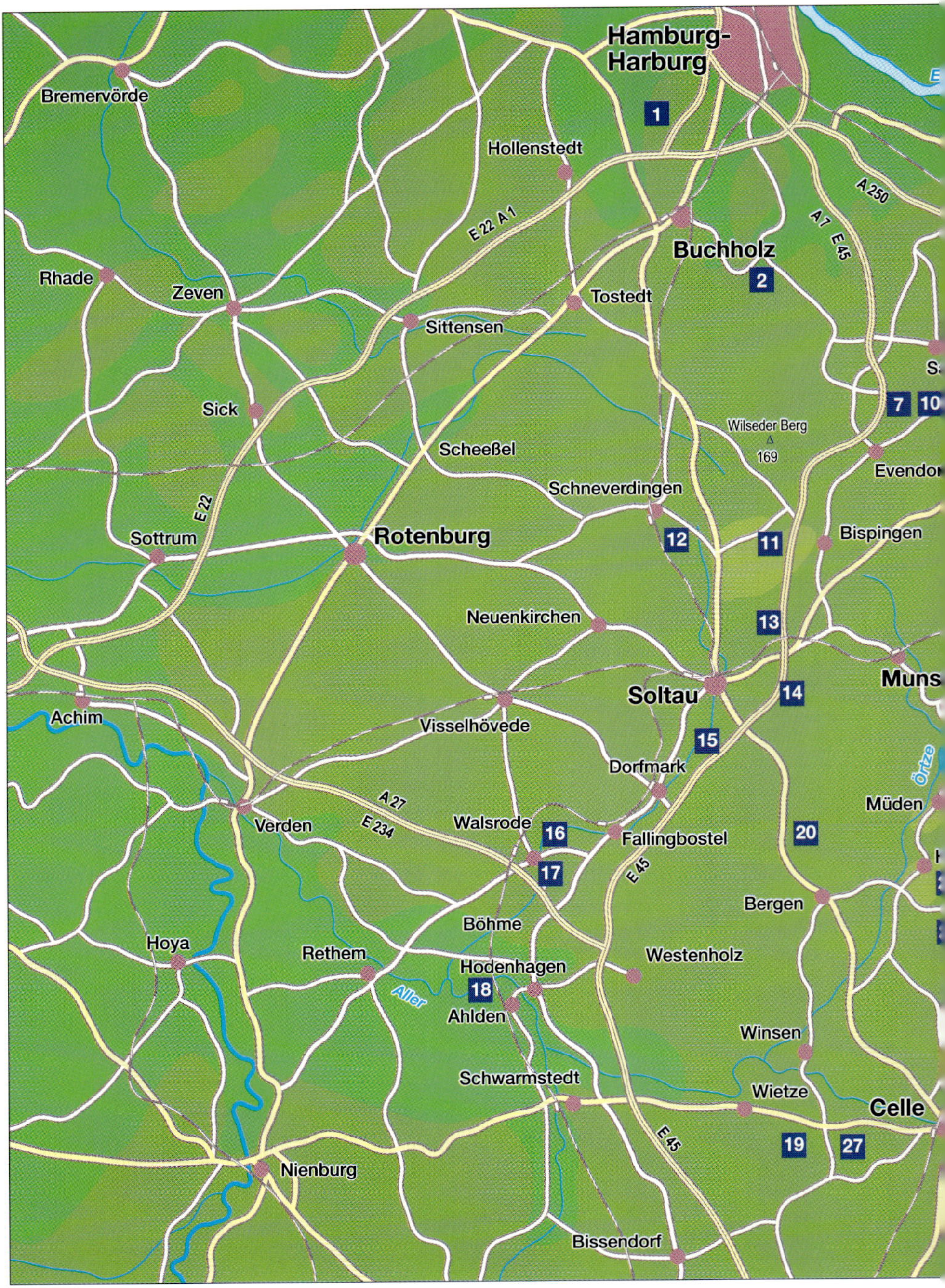
Hamburg-Harburg
1
Bremervörde
Hollenstedt
A 250
E 22 A 1
A 7 E 45
Buchholz
2
Rhade
Zeven
Tostedt
Sittensen
Wilseder Berg
169
7
10
Sick
Scheeßel
Evendo
Schneverdingen
E 22
Sottrum
Rotenburg
12
11
Bispingen
Neuenkirchen
13
Achim
Soltau
14
Muns
Visselhövede
15
Dorfmark
Örtze
A 27
E 234
Müden
Verden
Walsrode
16
Fallingbostel
20
17
E 45
Bergen
Böhme
Hoya
Rethem
Westenholz
Hodenhagen
Aller
18
Ahlden
Winsen
Schwarmstedt
Wietze
Celle
E 45
19
27
Nienburg
Bissendorf

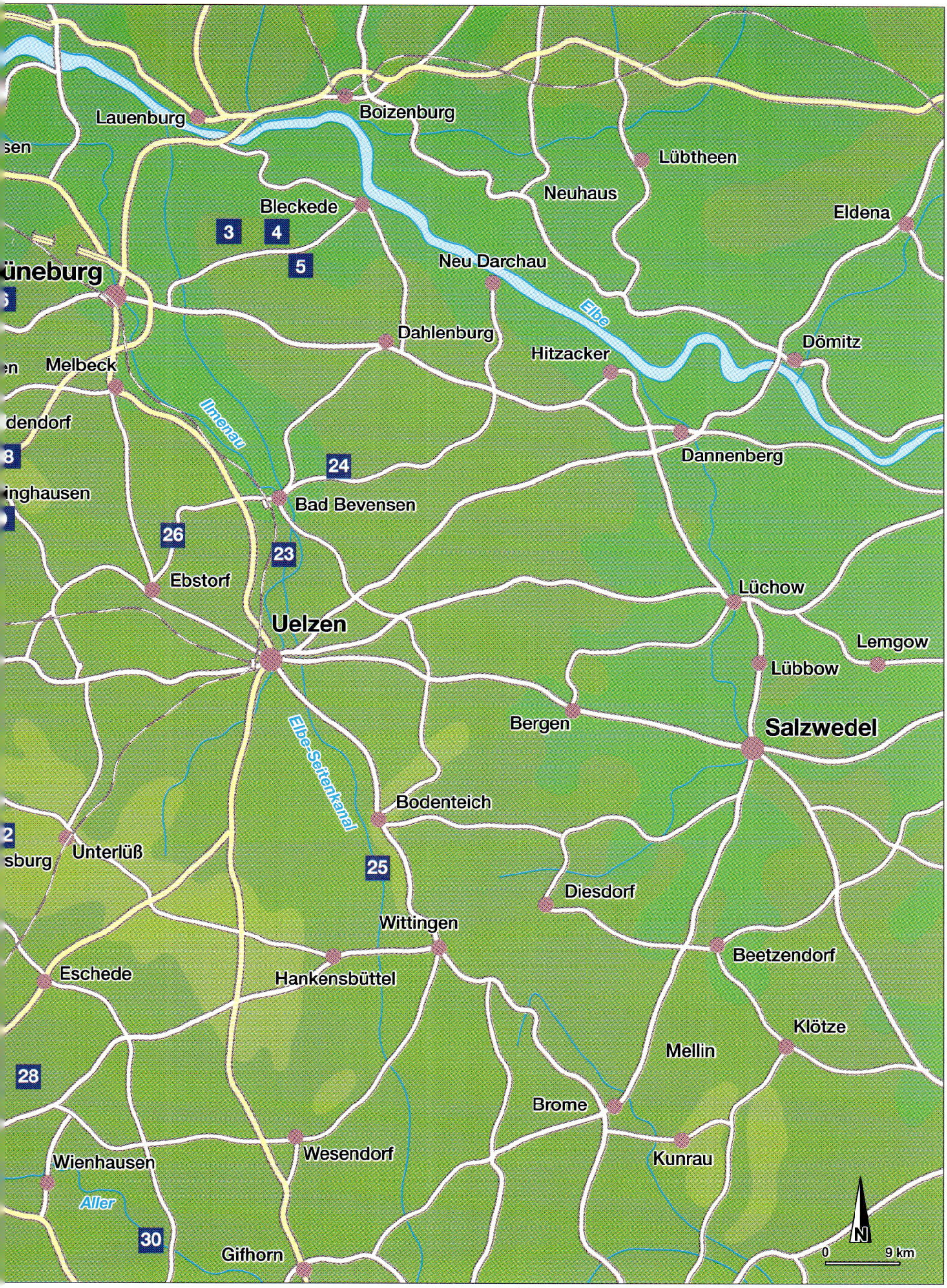
Lauenburg
Boizenburg
Lübtheen
Neuhaus
Eldena
Bleckede
3
4
5
Neu Darchau
Elbe
Dahlenburg
Hitzacker
Dömitz
Melbeck
Ilmenau
Dannenberg
24
Bad Bevensen
26
23
Ebstorf
Lüchow
Uelzen
Lemgow
Lübbow
Bergen
Salzwedel
Elbe-Seitenkanal
Bodenteich
Unterlüß
25
Diesdorf
Wittingen
Beetzendorf
Eschede
Hankensbüttel
Klötze
Mellin
28
Brome
Kunrau
Wesendorf
Wienhausen
Aller
30
Gifhorn
N
0
9 km

Einführung

Radtouren durch die Lüneburger Heide

Die Lüneburger Heide ist ein sanft gewelltes bis hügeliges Geestgebiet, das im Norden an die Elbe grenzt, im Osten an die Göhrde und das Wendland, im Süden von der Aller, im Westen ungefähr von der Wümmeniederung und dem Leinetal begenzt wird. Die angegebenen »Grenzen« werden bei einigen Touren überschritten, so daß im Vergleich der unterschiedlichen Landschaftsformen die Heidelandschaft in ihrer Besonderheit noch einmal bewußt wird.

Große Teile der Lüneburger Heide bestehen aus Wald und Weide; Ackerland kommt häufig erst an dritter Stelle. Die »klassische« Heidelandschaft mit Erika und Wacholder trifft man in allen Gegenden der Lüneburger Heide an, die großen Heidegebiete liegen allerdings im Norden rings um den Wilseder Berg.

Der Blick vom Wilseder Berg verheißt im August und September eine der schönsten Aussichten der Lüneburger Heide.

Die Lüneburger Heide ist – mit wenigen Ausnahmen – sehr gut durch Radwege erschlossen. Sie gilt aber traditionell als klassisches Wandergebiet – und könnte doch ebensogut ein klassisches Radwandergebiet sein. Zwar muß man selbst auf der schönsten Tour ab und zu mit sandigen und holprigen Strecken rechnen, aber das ist in der sandreichen Heide kein Wunder.
Bevorzugte Jahreszeit zum Radeln in der Lüneburger Heide sind die Monate August und September, wenn die Heide blüht. Dann sollte man unbedingt neben zuverlässigem Sonnenschutz auch seine Badesachen dabei haben, da man auf vielen der Touren an Badeseen oder anderen Bademöglichkeiten vorbeifährt. Aber eigentlich ist die Heide immer reizvoll, man sollte also durchaus auch an einem schönen Apriltag losfahren. Dann hat man die Wege, die im Hochsommer von Wanderern bevölkert sind, fast ganz für sich. Übrigens radelt man auf Sand am besten nach Regentagen. Wer gern auf eigene Faust losradelt oder Routen variieren will, achte auf die in der Heide zahlreichen (und sehr weiträumigen) Truppenübungsplätze, die man – auch bei nicht umzäuntem Gebiet – nicht betreten darf. So manche Radtour, die sich auf Landkarten mit kleinem Maßstab leicht planen läßt, scheitert an der Existenz der großflächigen Militärgebiete.

Karges Land voll eigentümlicher Poesie

Die Heide wurde stets primär landwirtschaftlich genutzt und galt allgemein eher als arm und abgelegen. Schlösser sind deshalb eine Ausnahme in der Heide, man findet sie erst in Celle oder Gifhorn.

Die kleine Laurentiuskirche in Müden an der Örtze ist vielen Radlern eine nähere Besichtigung wert.

Die Sehenswürdigkeiten sind bäuerlicher Natur: alte Schafställe und Bienenhäuser, Treppenspeicher und das klassische Zweiständerhaus des Bauern. In diesem Haustyp hatte alles unter einem Dach seinen Platz – die Altenteiler, der Bauer und seine Familie, Knecht und Magd, das Vieh und der Vorrat an Getreide. Um die charakteristische Arbeits- und Lebenswelt des Heidebauern zu erhalten, wurden vielerorts Freilichtmuseen gegründet, in denen typische und gut erhaltene Höfe wieder aufgebaut wurden.
Was die kulinarische Seite der Lüneburger Heide angeht, so sind im besonderen Heidschnucken-Gerichte charakteristisch, ferner der Heidehonig, die Buchweizentorte sowie die Heidekartoffel. Auch Spargel und Pilze werden hier gerne gegessen. Karpfen und Forelle aus den zahlreichen Fischteichen sind ebenfalls oft auf der Speisekarte zu finden.
Die Heideblüte im August und September ist die hohe Zeit der traditionellen Feste. Dann verliert die Heide ein klein wenig von ihrer Beschaulichkeit und wird Schauplatz zahlloser Festlichkeiten, die nicht zuletzt auch Ströme von Touristen anlocken. Weithin bekannt sind die Heideblütenfeste in Schneverdingen und Amelinghausen, Meißendorf und Bokel, Westerweye und Holm-Seppensen. Die Heidekönigin wird gekürt, das Dorf zieht geschlossen zum Festplatz und feiert wie sonst nur selten.
Schützenfeste sind bei den »Haidjern« ganz besonders beliebt, wovon in fast jedem Dorf die Schießscheiben über den Scheunentoren zeugen. Kenner der Heide schätzen den Heidschnuckenmarkt in Soltau oder die Bock-Auktion in Müden/ Örtze. Viele der heidetypischen Feste lassen sich im Rahmen einer Fahrt mit den Museumszügen (siehe Informationen für Radwanderer ab Seite 125) besuchen.
Einige der Radtouren führen an Badeseen vorbei, auf einigen Flüssen (Örtze) lassen sich Kanufahrten unternehmen – meist inklusive Rückfahrt zum Ausgangsort durch den Kanu-Verleiher. Auf der Ilmenau, dem Elbe-Seitenkanal und der Aller kann man Schiffsausflüge unternehmen, allerdings nicht immer mit Radtransport.
Man kann die Eigenart der Lüneburger Heide nicht verstehen, wenn man die bäuerliche Arbeitsweise der letzten Jahrhunderte nicht kennt. Die traditionelle Landwirtschaft basierte auf dem Anbau von Buchweizen und Kartoffeln sowie auf bescheidener Rinderhaltung. Ein wirklich einträgliches Geschäft war eigentlich nur die Imkerei, war Honig doch der einzige Süßstoff in der Heide – und Kerzen waren teuer. Der Biene größter Feind ist die Spinne, daher trieben die Schäfer ihre Heidschnuckenherden, die die Spinnweben zerstörten, in die Heide.
Die Wolle der genügsamen Heidschnucken brachte ebenfalls bescheidenen Gewinn.
Um Ackerbau betreiben zu können, mußten die Bauern den mageren Sandböden extra Nährstoffe zuführen. In mühsamer Arbeit wurden Heideflächen abgeplaggt, das Heidekraut im Viehstall als Streu verwendet, um anschließend als Dünger auf den Feldern verteilt zu werden. Abgeplaggter Heideboden blieb aber rund 20 Jahre ohne Vegetation, so daß für die Bewirtschaftung eines Ackers eine riesige Heidefläche geopfert werden mußte. Mitte des 19. Jahrhunderts war diese Art der Bewirtschaftung am Ende: Die Böden waren erschöpft, die Erträge gering. Zurück blieb eine unsäglich trostlose Landschaft. Erst um die Jahrhundertwende entdeckten Einzelgänger wie Hermann Löns und der Heidepastor Wilhelm Bode aus Egestorf die Schönheit der Lüneburger Heide und bewahrten die letzten großen Heide-

Eine Gruppe von Radlern kehrt von einem Abstecher zum Pietzmoor bei Schneverdingen zurück.

flächen um den Wilseder Berg vor der Zerstörung durch Bebauung. Die Erhaltung der typischen Heidelandschaft mit Erika, Wacholder und Birken geht auf ihr Bemühen zurück und ist bis auf den heutigen Tag unvergessen.

Geschichte der Lüneburger Heide

Ein Blick auf die Geschichte läßt den Sturz Heinrichs des Löwen im Jahre 1180 für das Land zwischen Lüneburg und Celle als Ereignis von größter Bedeutung erkennen.
Otto das Kind, ein Enkel Heinrichs des Löwen, begründete 1235 das Herzogtum Braunschweig-Lüneburg, das unter seinen Söhnen in die Fürstentümer Lüneburg und Braunschweig aufgeteilt wurde.
Im Lüneburger Erbfolgekrieg (1371–1388) sahen sich die Welfen gezwungen, das Fürstentum Lüneburg (mit der reichen Salzstadt Lüneburg) zurückzuholen, das der Kaiser an die Askanier von Sachsen-Wittenberg vergeben hatte. Unmittelbare Kriegsfolge war, daß die Lüneburger Residenz nach Celle verlegt werden mußte.
Europäische Großmachtpolitik betrieb das Haus der Welfen, als Kurfürst Georg Wilhelm von Hannover in Folge dynastischer Gegebenheiten 1714 als Georg I. den englischen Thron bestieg.
Somit wird verständlich, daß Lüneburg kein Schloß mehr hat – es wurde von den Bürgern im Lüneburger Erbfolgekrieg zerstört), wohl aber die Stadt Celle, denn dorthin wichen die vertriebenen Herrscher aus.
Mit großer Politik hatte der einfache Heidebauer zwar wenig zu tun, doch kann man an den Höfen Formen von Herrschaft erkennen: Die gekreuzten Pferdeköpfe am Giebel der alten Höfe zeigen mal nach außen, mal nach innen. Im 16. und 17. Jahrhundert bedeuteten nach außen gewendete Pferdeköpfe, daß der Hof frei war. Ein Lehnshof dagegen trug die Pferdeköpfe nach innen. Pferdeköpfe mit Zügeln besagten, daß es sich um einen Sattelhof handelte, der im Kriegsfall Pferd und Reiter stellen mußte. Ab etwa 1800 zeigten Pferdeköpfe nach außen die männliche Erbfolge an, nach innen die weibliche.

Mit dem Rad durch die Lüneburger Heide

1 Von Hamburg über Buchholz nach Handeloh

Hamburg Hbf. – Neugraben – Harburger Berge – Museum am Kiekeberg – Buchholz – Seppensener Mühle – Handeloh

Ausgangsort
Hamburg (Hauptbahnhof: S-Bahnlinie 3 ab Gleis 4) bzw. S-Bahnhof Neugraben.

Zielpunkt
Handeloh.

Zielpunkt und Rückfahrt
Wörme, Rückfahrt mit der Heidebahn, in Buchholz umsteigen.

Gesamttourenlänge
35 km.

Zeitbedarf
4 – 4 ½ Stunden Fahrtzeit.

Etappen
6 km von Neugraben bis Museum am Kiekeberg, 16,5 km bis Buchholz, 5 km bis Seppensener Mühle, 7,5 km bis Handeloh (mit Abstecher).

Steigungen
Bis zu 80 m in den Harburger Bergen.

Geländestruktur
Endmoränenlandschaft der Harburger Berge mit allmählichem Übergang zur Lüneburger Heide.

Sehenswertes
Wildpark Schwarze Berge, Museum am Kiekeberg, Seevetal, Büsenbachtal.

Empfehlenswerter Radtyp
Tourenrad mit guter Gangschaltung.

Diese Tour ist am schönsten während der Heideblüte im August und September. Vergessen Sie nicht, Ihre Badesachen mitzunehmen!

Wer meint, die Heide sei doch recht weit von der Hansestadt entfernt, wird unterwegs angenehm überrascht werden: Die Heide liegt im Gegenteil ganz nah bei Hamburg.
Die **Radtour** beginnt am Hamburger Hauptbahnhof: Die ***S-Bahnlinie 3*** (Gleis 4) bringt den Radler in einer halben Stunde nach Neugraben (die Mitnahme des Fahrrades ist gestattet, außer werktags vor 9 Uhr und zwischen 16 und 18 Uhr; der Radtransport ist im Preis der Fahrkarte inbegriffen). In **Neugraben** wenden wir uns zum Ausgang ***Neugrabener Bahnhofstraße***, schieben das Rad über die Fußgängerbrücken und fahren geradeaus weiter. Links führt die Route in die Straßen ***Ostheide*** und ***Heidrand***, dann rechts in den ***Störtebekerweg***, kurz darauf links in den ***Gödeke-Michels-Weg***. Am Ende biegen wir rechts in den ***Falkenbergsweg*** ein, der geradewegs in die an Steigungen reichen Harburger Berge führt. An der Bus-Wendeschleife fahren wir auf dem Waldweg bergan, an der ***Wanderhütte*** links halten. Nun beginnt die stärkste Steigung der Tour bis zum Wildpark Schwarze Berge.
Oben ist selbst der besttrainierte Radfahrer aus der Puste – ein willkommener Anlaß, sich den **Wildpark Schwarze Berge** anzusehen und im gleichnamigen Restaurant einzukehren.
Durch das große Holztor setzen wir die Fahrt fort, dahinter wenden wir uns links, dann gleich rechts und fahren in Richtung **Museum am Kiekeberg**. Es zeigt norddeutsche Bauernkultur und bereitet gut auf die Lüneburger Heide vor: Man sieht niederdeutsche Hallenhäuser in vielen Varianten, auch ein Durchfahrtshaus ist dabei, das der Bauer mit seinem Heuwagen

Museum am Kiekeberg in den Harburger Bergen: Bei jedem Besucher schlagen die Hausgänse Alarm.

der Länge nach durchfahren konnte. Bienen-, Fischer-, Back- und Leinenhaus findet man, und auch ein Windrad ist unter den Bauwerken.
Wir fahren vom Museum zurück und biegen links in die *Alveser Straße* ein. Geradewegs radeln wir durch **Alvesen** hindurch, biegen links in die Straße *Am Rosengarten* ein und erreichen **Sottorf**. An der *Dorfschänke* halten wir uns rechts und fahren auf der Straße *Barkendicke* nach **Sieversen**. Wir kreuzen die Querstraße und setzen die Fahrt geradeaus auf der *Nenndorfer Straße* fort, unterqueren die Autobahn und erreichen **Nenndorf**, wo wir links in die *Emsener Straße* einbiegen und nach 70 Metern rechts in die *Kirchenstraße* fahren. An der Kirche wenden wir uns rechts, um beim Lindenhotel links in die *Eckeler Straße* einzubiegen.
In **Eckel** fahren wir links in die *Bahnhofstraße* ein, kurz darauf geht es rechts auf der *Dorfstraße* weiter. Am Ortsplan wenden wir uns rechts in die *Eichenstraße*, am Lebensmittelladen ebenfalls rechts. Auf dem *Buenser Weg* verlassen wir den Ort.
Auf holprigem Weg erreichen wir **Buensen**, das erste Dorf mit Heide-Charakter: Es hat uralte Eichen, trockengesetzte Mauern um die Höfe, grobes Pflaster und ist still und verschwiegen. Wir halten uns rechts und fahren 150 Meter hinter dem Ortsendeschild bei einem großen *Findling* links in den Wald. An einem Acker rechter Hand angekommen, halten wir uns links. Kurz darauf kommt man an einem Häuschen vorbei: Exakt 50 Meter dahinter (!) radeln wir rechts zur **Buenser Siedlung**, die bereits zu **Buchholz** gehört. Wir fahren geradeaus weiter und

Ein Holztisch und einfache Bänke sind diesen Radlern willkommene Gelegenheit für eine Rast am Wegesrand.

biegen am Briefkasten rechts in die Straße ***An Boerns Soll*** ab.
An der T-Kreuzung fahren wir links in den ***Buenser Weg***, dann halbrechts in die ***Bendestorfer Straße***, deren Verlängerung in die Ortsmitte von **Buchholz** führt. Von der ***Bendestorfer Straße*** fahren wir links in die ***Hamburger Straße***, die an der Kirche vorbei zum Bahnhof führt (zu **Buchholz** siehe Tour 2). Wir überqueren die zwei ***Bahnbrücken*** und fahren unmittelbar dahinter rechts auf dem Radweg in die ***Rütgersstraße*** hinunter, von der wir links in die ***Suerhoper Straße*** einbiegen. An deren Ende wenden wir uns kurz rechts und fahren links in die ***Lohbergenstraße***. Unterwegs zweigt die Radroute links in den ***Fuhrenkamp*** ein, der bergab über den ***Steinbach*** führt.
Wir biegen rechts in die ***Buchholzer Landstraße*** ein, kurz darauf links in die Straße ***Zum Mühlenteich***, wo man auf den **Alaris Schmetterlingspark** stößt. Nun radeln wir weiter und erreichen die **Seppenser Mühle**, ein beliebtes Ausflugsrestaurant. Von dort kommt man auf den Weg zur Mühle, von dem wir links in den ***Weg zum Badeteich*** einbiegen, unterwegs kann man sich im Freibad erfrischen. An der Landstraße angekommen, fahren wir wenige Meter rechts, dann links an den Bahngleisen entlang nach **Wörme** (Haltepunkt Büsenbachtal). Im Ort fahren wir rechts über die Bahngleise und radeln am Parkplatz halbrechts den Berg hoch ins **Büsenbachtal**: Schon bald empfängt uns eine romantische Heidelandschaft mit Erika und Wacholder.

Radverleih
Fahrradhof-Scholz, Ludolfstr. 7, 20249 Hamburg, Tel. 040/463696 und 4807738; Dienemann, Hamburger Str. 57, 21244 Buchholz, Tel. 04181/8519.

Übernachtungen unterwegs
Hotel Seppenser Mühle, 21244 Buchholz (Seppensen), Tel. 04187/6950 und 6899.

Einkehrmöglichkeiten
Seppenser Mühle, 21244 Buchholz (Holm-Seppensen), Tel. 04187/6899.

Öffnungszeiten
Wildpark Schwarze Berge, ganzjährig täglich geöffnet; Freilichtmuseum am Kiekeberg, 21224 Rosengarten-Ehestorf, Tel. 040/7901760, März – Okt. Di – Fr 9 – 17 Uhr, Sa und So 10 – 18 Uhr, übrige Jahreszeit Di – So 10 – 16 Uhr; Alaris Schmetterlingspark, Zum Mühlenteich 2, 21244 Buchholz (Seppensen), Tel. 04181/36481, 1. April – 31. Okt. tägl. 9.30 – 17.30 Uhr.

Auskunft
Tourist-Information Buchholz, Bahnhofstr. 7, 21244 Buchholz, Tel. 04181/28960; S-Bahn Hamburg Tel. 040/322911; Bahnhof Buchholz, Tel. 04181/8854.

Landkarten
Radwanderkarte RC 2722 Hamburg-Harburg 1:75 000 (Niedersächsisches Landesverwaltungsamt, Landesvermessung).

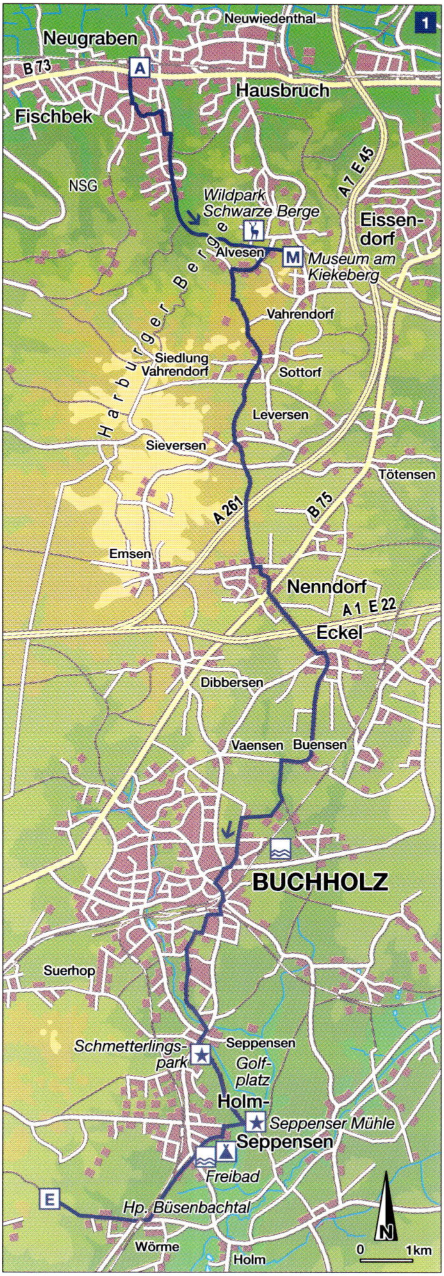

2 Von Buchholz über Jesteburg nach Handeloh

Buchholz – Itzenbüttel – Jesteburg – Asendorf – Lüllau – Gut Holm – Inzmühlen – Handeloh – Wörme – Holm-Seppensen – Buchholz

Ausgangsort
Buchholz, Anfahrt mit der Bahn.

Zielpunkt
Rundfahrt, evtl. Rückfahrt per Bahn ab Handeloh oder Wörme.

Gesamttourenlänge
32 km.

Zeitbedarf
3 ½ Stunden Fahrtzeit.

Etappen
8 km Jesteburg, 7 km Lüllau (Kunststätte Bossard), 11 km Handeloh, 6 km bis Wörme.

Steigungen
Langgezogene Steigungen bis zu 25 m.

Geländestruktur
Sanfthügeliges Wald- und Weideland an der Seeve, vereinzelt mit Heideflächen.

Sehenswertes
Heide bei Itzenbüttel, Niedersachsenplatz in Jesteburg, Kunststätte Bossard, Seeve – Tal, Holmer Mühle, Büsenbachtal.

Wegmarkierungen
Wegweiser, verschiedene Markierungen.

Empfehlenswerter Radtyp
Tourenrad mit guter Gangschaltung.

Die folgende Tagestour führt von Buchholz durch die Nordheide und streift bei Inzmühlen das Naturschutzgebiet Lüneburger Heide. Außer einigen Bilderbuch-Heidelandschaften lernt man – sofern man angemeldet ist – ein Künstlerhaus kennen, das als Gesamtkunstwerk in Norddeutschland seinesgleichen sucht.
Buchholz wurde erst 1958 Stadt und hat in manchen Straßen seinen dörflichen Charakter bewahrt. Das Umland ist wenig bekannt, trotz seiner landschaftlichen Schönheit.
Beginn der Radtour ist der Buchholzer Bahnhof. Durch die ***Bahnhofstraße*** erreicht man die ***Canteleu-Brücke***, die man halblinks unterquert. Der Weg ***Am langen Sal*** führt ins freie Land, geradeaus geht es auf dem ***Itzenbütteler Weg*** bis **Itzenbüttel**. Wir fahren links in den Ort und biegen gleich darauf in den Itzenbütteler ***Brumhof*** ein, der halbrechts in den Itzenbütteler ***Waldweg*** einmündet. Nach etwa 750 Metern Waldstrecke biegt an einem ***Findling*** rechts der ***Niedersachsenweg*** nach Jesteburg ab. An der Waldklinik mit großer Wacholderheide fahren wir geradeaus auf dem ***Kleckerwaldweg*** nach **Jesteburg**. Rechts unter der ***Bahnbrücke*** hindurch erreicht man die Ortsmitte mit der Kirche und dem Niedersachsenplatz, wo auch das **Heimathaus** zu finden ist. Dort läßt sich gut rasten – oder man kehrt gegenüber in »Sammann's Restaurant« ein. Die **Kirche** sieht etwas kurios aus: Der wohlproportionierte Backsteinsaal von 1842 steht recht weit entfernt von dem wesentlich älteren hölzernen Glockenturm. In ihm hängt die älteste Glocke der Lüneburger Heide von 1190. Wir fahren links an der Kirche vorbei zum ***Friedhof*** (bei regem Besuch bitte absteigen) und verlassen das Gelände durch die ***Seeve-Pforte*** an der Ecke hinten rechts.
Wir fahren durch eine Allee zur Straße, dann links an der ***Seeve*** entlang, die wir erst auf der zweiten, recht schmalen

Die Kunststätte Bossard bei Lüllau mit dem Skulpturenpark lädt ein zu einem Abstecher mit ungetrübtem Kunstgenuß.

Brücke überqueren. Am Ende des Weges wenden wir uns links, kurz darauf rechts nach **Asendorf**. Am Ende der Straße *Im Wiesengrund* radeln wir rechts bis zur *Hauptstraße*, die wir überqueren und weiter in Richtung *Dierkshausen* befahren. Kurz hinter dem Dorfende führt die Radroute rechts auf dem *Salems Weg* in Richtung **Landheim Salem**. Auf diesem Weg bleiben wir, überqueren einen Bach und fahren geradeaus auf dem *Bossardweg* weiter. Rechter Hand folgen zwei unter Bäumen versteckte Häuser, das zweite ist die **»Kunststätte Bossard«**. Johann Michael Bossard (1874 – 1950), Bildhauer und Lehrer an der Kunstgewerbeschule in Hamburg, baute hier ein Atelier- und Wohnhaus sowie 1926 – 1929 einen exzentrischen Kunsttempel, der mit seinen reichgeschmückten, figurenbesetzten Pilastern dem Expressionismus verpflichtet ist, aber auch Anregungen anderer Stile erkennen läßt. Das Innere des Gesamtkunstwerks kann man nur im Rahmen einer Führung besichtigen.

Wir radeln auf dem etwas holprigen *Bossardweg* nach **Lüllau**, wo wir links abbiegen, um nach 250 Metern rechts in die *Seevestraße* zu fahren. Nun folgt die wohl schönste Strecke längs der Seeve: Pferdekoppeln, Wohnhäuser am Wiesengrund und kleine Gehölze machen die Flußlandschaft zu einem Idyll.

An der *Hauptstraße* angekommen, fahren wir rechts zur **Holmer Wassermühle**, die an manchen Tagen in Betrieb genommen wird. Das dahinter gelegene **Gut Holm** kann nicht besichtigt werden; dort steht die Gutskapelle, das älteste Bauwerk rund um Buchholz.

An der Kreuzung vor dem Gut fahren wir nach **Inzmühlen**, das am Rand des Na-

turschutzgebiets Lüneburger Heide liegt. Von dort erreichen wir **Handeloh**. In Höhe der Kirche fährt man rechts, dann gleich links in die ***Alte Dorfstraße***. Wir halten uns halbrechts (Briefkasten!) und fahren auf das Gebäude der Freiwilligen Feuerwehr jenseits der Straße zu. Dort führt rechts der ***Lohbergenweg*** in den Wald hoch, der als ***Fernwanderweg*** (***Weißkreuz***) markiert ist. Wir biegen im Wald in den fünften Weg ab Dorfende rechts ein (***Weißkreuz***).
Nach wenigen hundert Metern erreicht man das **Büsenbachtal**, eine große Heidefläche mit Rastplätzen. Die Route führt rechts nach **Wörme**, an einem Schafstall vorbei, zum ***Bahnhof Büsenbachtal***. Unmittelbar hinter den Bahngleisen fahren wir links nach **Holm-Seppensen**. An der Hauptstraße wenden wir uns rechts, dann links in den ***Weg zum Badeteich***. Am Campingplatz kann man im Teich baden – oder weiter zur ***Seppenser Mühle***

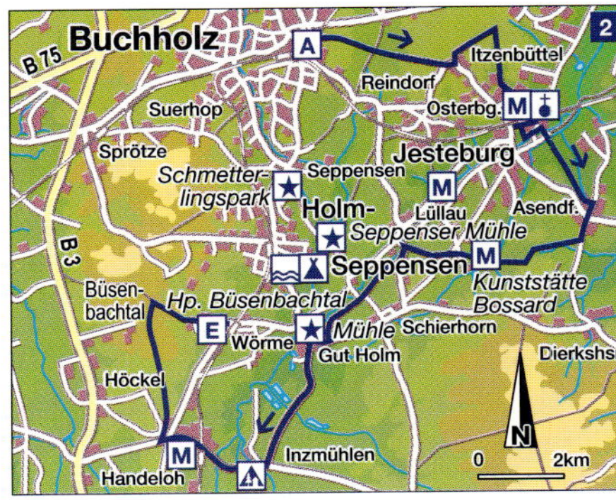

radeln: Das beliebte Ausflugsrestaurant erreicht man, indem man am Ende des Weges zum Badeteich rechts abbiegt. Von der Mühle führt die Straße ***Zum Mühlenteich*** nach Seppensen, wo man an der Kreuzung im Ort den **Alaris Schmetterlingspark** findet. Rund 160 000 Schmetterlingsarten gibt es weltweit, 3000 sind (noch) in Deutschland heimisch. Der Schmetterlingspark zeigt einige hundert

Bei Inzmühlen radeln Ausflügler an einem warmem Frühlingstag in das Naturschutzgebiet Lüneburger Heide.

von ihnen. Darunter sind der südamerikanische Automeris io, der Feinde durch grellbunte Raubvogelaugen auf seinen Flügeln erschreckt. Das »wandelnde Blatt«, ein südostasiatischer Schmetterling, tarnt sich als grünes Blatt am Baum. Kurzum, man muß genau hinsehen, wenn man die Meister der Tarnung erkennen will.
Von dort radeln wir rechts den Buchholzer Berg hoch und erreichen auf der ***Soltauer Straße*** (Radwege) das Zentrum von **Buchholz**.

Radverleih
Dienemann, Hamburger Str. 57, 21244 Buchholz, Tel. 04181/8519.

Übernachtungen unterwegs
Hotel Seppenser Mühle, 21244 Buchholz (Holm-Seppensen), Tel. 04187/6950 und 6899; Jugendherberge Inzmühlen, Wehlener Weg 10, 21256 Handeloh, Tel. 04188/342.

Einkehrmöglichkeiten
Sammann's Restaurant, Hauptstr. 26, 21266 Jesteburg, Montag Ruhetag, Tel. 04183/3739; Seppenser Mühle, 21244 Buchholz (Seppensen), Tel. 04187/6950 und 6899.

Öffnungszeiten
Heimathaus Smees Hoff, Niedersachsenplatz, 21244 Jesteburg, Tel. 04183/3805, Mi, Sa, und So 15.30 – 18 Uhr; Kunststätte Bossard, Bossardweg, 2166 Jesteburg (Lüllau), Di – So 11 – 13, 15 – 17 Uhr, Führungen nach Voranmeldung, Tel 04183/5112; Alaris Schmetterlingspark, Mühlenteich 2, 21244 Buchholz (Seppensen), Tel. 04181/36481, 1. April – 31. Okt. tägl. 9.30 – 17.30 Uhr.

Auskunft
Tourist-Information Buchholz, Bahnhofstr. 7, 21244 Buchholz, Tel. 04181/28960; Bahnhof Buchholz, Tel. 04181/8854.

Landkarten
Radwanderkarte RC 2722 Hamburg-Harburg 1:75 000 (Niedersächsisches Landesverwaltungsamt, Landesvermessung).

3 Von Lüneburg nach Lauenburg

Lüneburg – Kloster Lüne – Adendorf – Erbstorf – Schiffshebewerk Scharnebeck – Fischhausen – Hohnsrof – Lauenburg

Ausgangsort
Lüneburg, Anfahrt mit der Bahn.

Zielpunkt
Lauenburg, Rückkehr mit der Bahn.

Gesamttourenlänge
23 km.

Zeitbedarf
2 Stunden Fahrtzeit.

Etappen
Lauenburg, Rückkehr mit der Bahn.

Steigungen
Gering, mit Ausnahme der Brückenauffahrt in Hohnstorf.

Geländestruktur
Geest, Geestkante, Elbmarsch, Elbhang.

Sehenswertes
Kloster Lüne, Schiffshebewerk Scharnebeck, Burgfried und Elbstraße in Lauenburg.

Empfehlenswerter Radtyp
Tourenrad .

Günstigste Zeit für diese Tour ist die Woche um den Namenstag des hl. Bartholomäus (2. Augusthälfte); dann werden im Kloster Lüne Leinenstickereien und Bildteppiche gezeigt.
Die Radtour ist für einen sonnigen Nachmittag genau das Richtige und eignet sich auch für weniger geübte Radler. Bei starkem Sonnenschein oder Wind fordert die Fahrt auf dem Deich des Elbe-Seitenkanals allerdings etwas Mühe.
Lüneburg hatte stets größtes Interesse an der Schiffahrt. Am romantischen Stint-

Mit dem Alten Kran in Lüneburg wurde im 15. Jahrhundert das Salz der Saline auf Schiffe verladen.

markt stapelten die Flußschiffer das Holz für die Saline, dort wurden die Ewer für die Fahrt nach Hamburg und Lauenburg beladen. Noch immer steht der hölzerne **Alte Kran** an der Ilmenau. Er wurde Ende des 18. Jahrhunderts einem mittelalterlichen Vorbild nachgebaut.

Die **Radtour** führt vom Alten Kran durch die ***Lüner Straße*** und die ***Lüner Torstraße*** nach Osten. Wir biegen links in den ***Lüner Damm*** nach Norden ein. Wer mit dem Zug ankommt, fährt (mit dem Rücken zum Bahnhof stehend) rechts die ***Bahnhofstraße*** hoch, biegt links in die ***Lüner Torstraße*** ein, anschließend rechts in den ***Lüner Damm***. Am Ende der ruhigen Straße beginnt ein Radweg, der zum ***Kloster Lüne*** führt. Unterwegs sieht man links durch die Bäume den großen Parkplatz an der ***Bockelmannstraße***, der sich für die Anfahrt mit dem Wagen anbietet.

Hinter der Bahnunterführung liegt **Kloster Lüne**. Man sollte aber erst am noblen Restaurant Klosterkrug vorbei zum Haupteingang neben der Kirche radeln. Das Kloster geht zurück auf ein Benediktinerinnenstift. Lange nach der Klosterauflösung 1529 richtete man in den Gebäuden 1772 ein Damenstift ein, das bis heute besteht. Man betritt Kloster Lüne durch die Brunnenhalle mit dem Wahrzeichen des Klosters, einem metallenen Brunnen, der seit 1500 Wasser spendet. Daran schließt sich das alte Refektorium von 1496 an, der Speisesaal mit Fußbodenheizung. Die Deckenmalereien stammen wohl von 1498. Am südlichen Kreuzgang liegt der Kapitelsaal mit dem Thron der Äbtissin. Wichtigstes Bauwerk ist die ehemalige **Klosterkirche**, ein turmloser Backstein-Saalbau mit geschnitztem Flügelaltar von 1524. Die Nonnen saßen

Auf dem Damm des Elbe-Seitenkanals radelt man leicht und angenehm von der Heide in die Elbmarschen.

früher auf der Empore, wo heute die Stiftsdamen Platz nehmen: Der erhöhte Stuhl ist der Äbtissin vorbehalten. Heute leben im Kloster Lüne eine Äbtissin und acht Stiftsdamen, die sich zu einer Art Klostertradition verpflichten. Die Bedingungen: Sie müssen unverheiratet, evangelisch und gesund sein – und Klosterführungen übernehmen. In der zweiten Augusthälfte zeigt das Kloster Leinenstickereien aus dem 11.–13. Jh. und Bildteppiche aus dem 15./16. Jh.

Vom Kloster Lüne radelt man auf dem ***Domänenweg*** zum ***Lüner Weg***, in den wir links einbiegen. An der Tankstelle geht es über die Straße in das **Lüner Holz**. Der Waldweg (***Wegmarkierung: gelbes B***) führt über die Autobahnbrücke nach **Adendorf**, wo wir dem ***Grünen-Jäger-Weg*** rechts über das Bahngleis folgen. An der Gabelung fahren wir rechts auf dem ***Teerweg*** nach **Erbstorf**. Jenseits der Erbstorfer Landstraße kommt man zum ***Friedhof***, wo es links auf dem ***Deich*** des Elbe-Seitenkanals zum Schiffshebewerk Scharnebeck geht.

Der 115 Kilometer lange **Elbe-Seitenkanal** verbindet die Elbe mit dem Mittellandkanal bei Wolfsburg.

Das **Schiffshebewerk**, das größte weltweit, überwindet den Höhenunterschied von 38 Metern zwischen Geest und Marsch, indem es die Schiffe wie in einem gigantischen Fahrstuhl in zwei je 5800 Tonnen schweren Trögen befördert. Die Prozedur dauert etwa 15 Minuten. Aufgrund der gleich schweren Gegengewichte, die in den turmartigen Bauten bewegt werden, müssen die vier Elektromotoren mit der geringen Leistung von je 160 Kilowatt nur etwa 15 Tonnen Last befördern. Geradeaus auf dem Deich erreicht man die Aussichtsplattform. Eine bessere Sicht hat man aber, wenn man hinter der Schranke, also bereits 500 Meter vor dem Hebewerk, links abbiegt, die ***Adendorfer Straße*** (Ampel) überquert und sich unter das Schutzdach stellt . Achtung: Kommt ein Schiff von oben, prasselt ein Schwall Wasser herab! Fast zum Greifen nahe schweben die Schiffe vorbei. Auf der anderen Kanalseite kann man sich in der Ausstellungshalle über das Bauwerk informieren.

Auf westlicher Kanalseite radeln wir auf dem Deich weiter nach Norden. Wer im **Inselsee** baden möchte, benutzt jedoch besser die nahgelegene Straße. Weiter auf dem Deich, kann man bei der dritten ***Kanalbrücke*** links zum ***Landhaus Fischhausen*** fahren. Der Gasthof wurde zum **Freistaat Fischhausen** erklärt, Gäste sind willkommen. Auf dem Rückweg führt der Weg über die ***Kanalbrücke***, dann geht es auf dem ersten Weg links

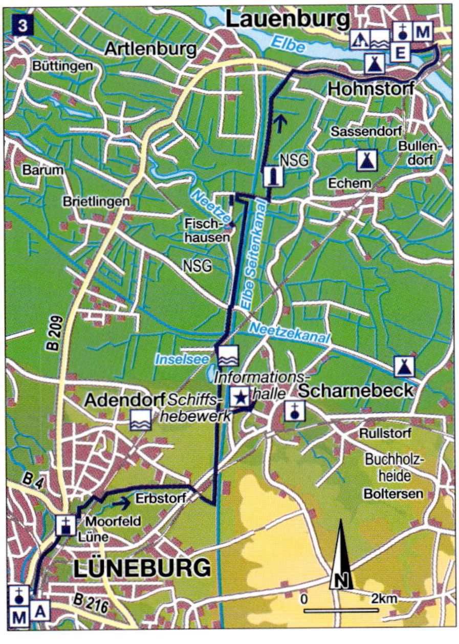

zum **Naturschutzgebiet Fehlingsbleck-see** an der Neetze (***Aussichtsturm***), das bei der Aushebung des Kanals entstand. Rund 500 Meter nördlich des Sees biegt der Radweg ***rechts*** ab, um kurz darauf links zur ***Bundesstraße 209*** zu führen. Dort biegen wir rechts ab und fahren auf dem ***Radweg*** durch **Hohnstorf** und über die ***Brücke*** nach **Lauenburg**.

Bedeutende Sehenswürdigkeiten Lauenburgs sind die ***Elbstraße*** mit alten Fachwerkhäusern und der Burgfried mit Aussicht nach Niedersachsen.

Radverleih
Laden 25, Am Werder 25, 21335 Lüneburg, Tel. 04131/37960.

Übernachtungen unterwegs
Hotel Möller, Elbstr. 44 – 50, 21481 Lauenburg, Tel. 04153/2011; Jugendherberge Lauenburg, Am Sportplatz 7, 21481 Lauenburg, Tel. 04153/2598.

Einkehrmöglichkeiten
Restaurant Klosterkrug, Am Domänenhof 1, Kloster Lüne, 21337 Lüneburg, Tel. 04131/51704; Landhaus Fischhausen, 21379 Scharnebeck (Fischhausen), Tel. 04136/268, Öffnungszeiten: Mi – Fr 15 – 23 Uhr, Sa und So 9.30 – 23 Uhr.

Öffnungszeiten
Kloster Lüne, Am Domänenhof, 21337 Lüneburg, Tel. 04131/52318, Öffnungszeiten: 1. April – 15. Okt. Mo – Sa 9 – 11.30, 14.30 – 17 Uhr, So 11.30 – 12.30, 14 – 17 Uhr, mit Führungen; Schiffshebewerk Scharnebeck, 21379 Scharnebeck, Tel. 04136/474, Öffnungszeiten der Ausstellungshalle: 15. März – 31. Okt. Mo – Fr 10 – 12, 14 – 17.30 Uhr, Sa und So 10 – 17.30 Uhr.

Auskunft
Fremdenverkehrsamt Lüneburg, Am Markt, 21335 Lüneburg, Tel. 04131/309593 und 32200; Fremdenverkehrsamt Lauenburg, Schloß, 21481 Lauenburg, Telefon 04153/590981; Reisezugauskunft Lüneburg, Tel. 04131/19419

Geeignetes Kartenmaterial
Radwanderkarte 7 (ehem. RC 2726) Lüneburg 1:75 000

4 Rundtour von Lüneburg über Bleckede und Neetze

Lüneburg – Scharnebeck – Mohnstorf – Brackede – Radegast – Bleckede – Bleckeder Moor – Neetze – Boltersen – Scharnebeck – Lüneburg

Ausgangsort
Lüneburg, Anfahrt mit der Bahn.

Zielpunkt
Rundfahrt.

Gesamttourenlänge
70 km.

Zeitbedarf
7 Stunden Fahrtzeit.

Etappen
8,5 km bis Schiffshebewerk Scharnebeck, 20 km bis Hohnstorf, 13,5 km bis Radegast, 7 km bis Bleckede, 10 km bis Neetze, 11 km bis Lüneburg.

Steigungen
Zwischen Neetze und Boltersen bis zu 30 m, bei Scharnebeck (Rückweg) knapp 40 m.

Geländestruktur
Der Weg verbindet die hügelige Geest mit der flachen Marsch.

Sehenswertes
Schiffshebewerk Scharnebeck, Naturschutzgebiete bei Brackede, Radegast und Bleckede.

Wegmarkierungen
Beschilderter Radweg Hamburg-Schnackenburg von Hohnstorf bis Bleckede.

Empfehlenswerter Radtyp
Tourenrad mit Gangschaltung.

Die folgende Tagestour verläuft bis **Hohnstorf** an der Elbe verläuft wie unter Tour 3 beschrieben. Vor der Elbbrücke nach Lauenburg biegt rechts die ***Landesstraße*** ab. Nach wenigen hundert Metern fahren wir links in die ***Dorfstraße***, kurz darauf rechts in die Straße ***An der Schmiede***, die in den ***Deichweg*** in Richtung Bleckede übergeht. Unterwegs kann man meist nicht auf dem Deich radeln, so daß man der Aussicht wegen immer wieder einmal hochgehen sollte.

Noch lange begleitet den Radwanderer die charakteristische Silhouette Lauenburgs mit der Werft, dem Silo und dem Hohen Elbufer. Kurz hinter Hohnstorf liegen im breiten Außendeich alte Elbarme und einige Bracks, das sind Tümpel, die bei einem Deichbruch entstanden sind.

Vor **Barförde** wird man für eine kurze Strecke auf die Elbstraße umgeleitet. In **Brackede** trifft man auf das erste **Naturschutzgebiet** der mittleren Elbe. Sogar ein Wanderweg führt durch das »Altwasser« mit einigen Bracks. Am gegenüberliegenden Elbufer liegt Dorf Gothmann an der Sude.

Vor **Radegast** verengt sich das breite Vorland zusehends, bis der Deich in einem spitzen Bogen hart an die Elbe führt. Hier bei sonnigem Wetter auf einer der Bänke zu rasten – was kann es Schöneres geben. Der Blick fällt auf einige helle Abhänge am anderen Elbufer, die Binnendünen bei Gothmann. Die höchste Erhebung drüben ist der Bollenberg, auf dem eine Raubritterfestung gestanden haben soll.

Hinter Radegast beginnt das Naturschutzgebiet **»Deichvorland bei Bleckede mit Vitico«**. Es umfaßt im Außendeich Altarme der Elbe, Bracks, Verlandungszonen und Röhricht sowie im Binnendeich den Staatswald Vitico mit Stieleichen und Hainbuchen. Das Gebiet erstreckt sich bis vor Bleckede. Kurz hinter dem Radegaster Haken kommt man links zum »Café Schäferei Heisterbusch« an der Elbe, das mit selbstgebackenem Kuchen lockt.

4 Rundtour von Lüneburg über Bleckede und Neetze

Eine der schönsten Ansichten in Bleckede: Schloß und Schloßgraben in der Nähe der Elbe.

Am Ortsschild **Bleckede** biegen wir links in den *Schützenweg*, von dem man nach kurzer Strecke rechts in die *Schloßstraße* fahren kann. Dort bietet sich Gelegenheit, das **Schloß** zu besichtigen. Bleckede war zur Zeit Heinrichs des Löwen eine Festung zum Schutz vor den Slawen. Obwohl die Stadt selbst nur eine eher geringe Bedeutung hatte, blieb die Festung aufgrund des Elbzolls sehr begehrt.

Sehenswert sind der mächtige **Rundturm** von 1500, vom benachbarten Schloß der schöne Fachwerkflügel (1600) und der steinerne Westflügel (1743). Umgeben ist die Anlage von alten **Wallanlagen** und einem **Schloßpark**, an den das gleichnamige Restaurant grenzt. In der **Heimathalle** kann man sich über die Geschichte der Elbstadt informieren.

Auf der *Schloßstraße* fahren wir an der **Jacobikirche** vorbei, die eine schöne Renaissance-Kanzel birgt, und radeln auf der *Breiten Straße* weiter, von der rechts die *Lüneburger Straße* abbiegt. Etwa 750 m hinter der Abfahrt fahren wir rechts in den *Moorweg.* Auf einer schmalen Asphaltstraße erreichen wir die Wochenendhaussiedlung **Bleckeder Moor**. Es lohnt sich, auf dem etwa einen Kilometer langen *Fuchsweg* rechter Hand durch die ansehnliche Waldsiedlung zu radeln; am Ende (Sackgassenschild) setzen wir die Fahrt links auf der Landstraße fort. Nach 500 Metern, bei einem Haus mit der Nummer 6, biegen wir links ab, um nach kurzer Strecke rechts in den *Zweiten Moorweg* einzubiegen. Er endet an der Landstraße, die links (Radweg) nach Neetze führt. Längs der **Bockelheide** erreichen wir Neetze am gleichnamigen Bach. Wir fahren bis zur Ortsmitte und biegen rechts in Richtung Lüneburg ab.

Der Schäfer vom Heisterbusch läßt seine Schafherde auf dem Elbdeich bei Brackede grasen.

In **Neetze** radeln wir an der **Willibrordkirche** vorbei, die bereits 1281 erwähnt wurde. Das spätgotische Portal an der Südseite zeigt die in Lüneburg oft verwendeten Tau-Steine. Größte Sehenswürdigkeit ist der gotische Schnitzaltar von 1480. Kurz darauf fährt man über die Neetze, einen ehemaligen Arm der Elbe. Die alte **Wassermühle** am Stauwehr hatte früher u. a. einen Walkgang für die Tuchherstellung und war bis 1975 in Betrieb.
Die Route führt die Anhöhe hinauf; noch vor der Kuppe biegen wir rechts in den *Bolterser Weg* ein. Die schmale Asphaltstraße, von der man schöne Aussichten über das Land hat, führt über den kleinen Rehberg und den Hasenwinkelberg nach **Boltersen**. Im Ort halten wir uns geradeaus, folgen der *Dorfstraße* nach rechts und biegen links nach **Rullstorf** ab, das wir auf einem gut ausgebauten Radweg erreichen. Hinter dem Ort halten wir uns links und fahren bis **Scharnebeck**, wo wir dem Schild zum *Schiffshebewerk* folgen (zum Hebewerk siehe Tour 3).
Jenseits des **Elbe-Seitenkanals** führt links eine breite Straße bergan in weitem Bogen zum Kanal. Auf dem Deich fährt man bis zum *Friedhof,* wo wir rechts nach **Erbstorf** radeln. Wir überqueren die *Erbstorfer Landstraße* und fahren auf dem *Grünen-Jäger-Weg* nach **Adendorf**, wo wir links auf dem *Schwarzen Weg* in das **Lüner Holz** und über die Autobahnbrücke fahren. Wir überqueren die *Erbstorfer Landstraße* und radeln auf dem *Lüner Weg* nach Süden.
An der *Lüner Torstraße* kommt man rechts zur Altstadt, links geht es zum Bahnhof.

Radverleih
Laden 25, Am Werder 25, 21335 Lüneburg, Tel. 04131/37960.

Übernachtungen unterwegs
Hotel Möller, Elbstr. 44 – 50, 21481 Lauenburg, Tel. 04153/2011; Jugendherberge Lauenburg, Am Sportplatz 7, 21481 Lauenburg, Tel. 04153/2598.

Einkehrmöglichkeiten
Restaurant Klosterkrug, Am Domänenhof 1, Kloster Lüne, 21337 Lüneburg, Tel. 04131/51704; Landhaus Fischhausen, 21379 Scharnebeck (Fischhausen), Tel. 04136/268, Mi – Fr 15 – 23 Uhr, Sa und So 9.30 – 23 Uhr.

Öffnungszeiten
Kloster Lüne, Am Domänenhof, 21337 Lüneburg, Tel. 04131/52318, 1. April – 15. Okt. Mo – Sa 9 – 11.30, 14.30 – 17 Uhr, So 11.30 – 12.30, 14 – 17 Uhr, mit Führungen; Heimathalle Bleckede, Schloß, 21354 Bleckede. Besichtigung nur im Rahmen einer Schloßführung, Anmeldung unter Tel. 05852/1300.

Auskunft
Fremdenverkehrsamt Lüneburg, Am Markt, 21335 Lüneburg, Tel. 04131/309593 und 32200; Fremdenverkehrsamt Lauenburg, Schloß, 21481 Lauenburg, Telefon 04153/590981; Reisezugauskunft Lüneburg, Tel. 04131/19419.

Landkarten
Radwanderkarte 7 (ehem. RC 2726) Lüneburg 1:75 000.

5 Rundtour von Bleckede über Neetze und Thomasburg

Bleckede – Bleckeder Moor – Neetze – Wendhausen – Holzen – Wennekath – Thomasburg – Ellringen – Breetze – Bleckede

Ausgangsort
Bleckede, Anfahrt mit dem Wagen, evtl. mit dem »Heide-Expreß« oder im Rahmen einer Schiffsfahrt auf der Elbe.

Zielpunkt
Rundfahrt.

Gesamttourenlänge
35 km.

Zeitbedarf
4 Stunden Fahrtzeit.

Etappen
12 km bis Neetze, 5 km bis Holzen, 5 km bis Thomasburg, 13 km bis Bleckede.

Steigungen
Zahlreiche Steigungen bis zu 30 m.

Geländestruktur
Welliges bis hügeliges Wald- und Ackerland mit reizvollem Neetzetal.

Sehenswertes
Schloß Bleckede, Kirche und Stauwehr in Neetze, Kalkfelsen in Holzen, Dorflage Wennekath, Wehrkirche in Thomasburg, Neetze-Tal.

Wegmarkierungen
Wegweiser, verschiedene Markierungen.

Empfehlenswerter Radtyp
Tourenrad mit guter Gangschaltung.

Bei dieser Tour radeln wir im umgekehrten Uhrzeigersinn rund um Bleckede über Neetze, Thomasburg, Ellringen und Breetze. Die Strecke hat zahlreiche Steigungen und führt über u. U. windreiche Kuppen, ist also eine unter sportlichem Aspekt etwas anspruchsvollere Tour.

Bleckede war im 12. Jahrhundert eine Festung gegen die Slawen. Nachdem Heinrich der Löwe Bardowick zerstört hatte, wertete sein Sohn Bleckede mit den Stadtrechten auf. Obwohl die Festungsstadt Elbzoll einnahm, blieb ihr ein nachhaltiger Aufschwung versagt. Bedeutendste Sehenswürdigkeiten sind der mächtige **Rundturm** von 1500, ein Rest der alten Festung, und das benachbarte **Schloß** mit einem Fachwerkflügel von 1600 und einem massiven Westflügel von 1743. Die **Heimathalle** im Schloß informiert über die Geschichte der Stadt. Im elbnahen **Schloßpark** mit alten Wallanlagen kann man gut spazierengehen und im Restaurant am Schloßpark einkehren. Lohnenswert ist ein Besuch im **Elbtalhaus** mit einer Ausstellung über die Elbtalaue.

Die **Radtour** beginnt in der Ortsmitte an der Kirche. Wir radeln die ***Breite Straße*** hinunter und biegen rechts in die ***Lüneburger Straße*** ein. Etwa 750 Meter ***hinter*** dieser Abfahrt biegt rechts der Moorweg ab. Die Asphaltstraße führt zur Wochenendhaussiedlung **Bleckeder Moor**. Es lohnt sich, die Straße zu verlassen, um rechts auf dem etwa einen Kilometer langen ***Fuchsweg*** die Waldsiedlung zu durchradeln. Am Sackgassenschild setzen wir die Fahrt links auf der Landstraße fort. Nach 500 Metern, bei einem Haus mit der Nr. 6, biegen wir links ab, um nach kurzer Strecke rechts in den ***Zweiten Moorweg*** einzubiegen. Er endet an der Landstraße, die links – mit Radweg – längs der

Die St. Willibrordkirche von Neetze ist immer ein willkommener Anlaß, die Radtour zu unterbrechen.

Bockelheide nach Neetze führt.
In **Neetze** fahren wir auf der *Bahnhofstraße* bis zur Ortsmitte und biegen rechts in Richtung Lüneburg ab. Der Neetzer Hof an der Ecke lädt ein zur Rast. Der Weg führt an der **St. Willibrordkirche** vorbei, die bereits 1281 urkundlich erwähnt wurde. Das spätgotische Portal an der Südseite zeigt die in Lüneburg oft verwendeten Tau-Steine. Ihre größte Sehenswürdigkeit ist der gotische Schnitzaltar von 1480, ein Werk des Lüneburger Meisters Michael Snitker. Kurz darauf fährt man über die Neetze, einen ehemaligen Arm der Elbe. Die alte Wassermühle am Stauwehr war bis 1975 in Betrieb.
Jenseits der Neetze geht es bergan, am Waldrand auf der Kuppe führt links ein Feldweg nach Wendhausen. Die erste Strecke könnte nach Regenwetter schwierig zu befahren sein, aber nach wenigen hundert Metern geht es auf einem Asphaltweg bergab. Am Ortseingang von **Wendhausen** fahren wir links nach **Holzen**.
Das Dorf zeigt die typische, seit Jahrhunderten bewährte Lage: Die Bauern siedelten sich auf halber Hanglage an, zwischen der Hügelkuppe, die dem Ackerbau vorbehalten war, und dem Talgrund mit den Viehweiden und der Tränke.
Wer geologische Besonderheiten schätzt, sollte am Ortsbeginn von Holzen einen Abstecher links in die Straße *Am Schwimmbad* machen. Das Schild *Beim Sandstein* weist die Route zu einigen Kalkfelsen: Hier trat vor etwa 100 000 Jahren Grundwasser an die Oberfläche und schied Kalk aus, der den kieshaltigen Sand zu Kalksandstein verkittete. Unmittelbar neben dieser Rarität liegt das **Freibad**.

Die Kalksandsteinfelsen bei Holzen gelten als bedeutende geologische Rarität in Norddeutschland.

Zurück auf der Straße *Im Dorfe* radeln wir bis zur ***Landstraße***, biegen links ab und fahren kurz darauf rechts nach **Wennekath**. Das Dorf hat ein ausgesprochen schönes Gestüt mit weißverputzten Fachwerkscheunen, die von alten Eichen und Weiden umgeben sind. Bei der Spargelzucht überqueren wir die Landstraße und fahren auf einem holprigen Weg über den Hügel nach **Thomasburg**, wo der Weg am ***Friedhof*** endet. Falls dieser Weg nach Regen unbefahrbar ist, kann man beim Spargelbetrieb rechts über

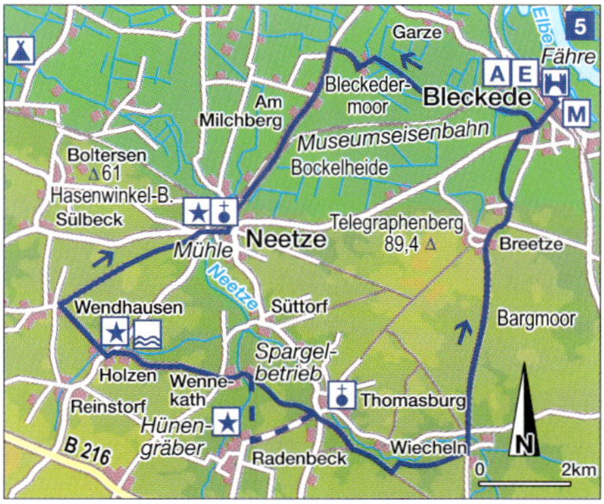

Radenbeck nach Thomasburg radeln.
In **Thomasburg** sollte man sich die trutzige **Kirche** auf dem Burgberg ansehen. Dazu radelt man vom Friedhof links, überquert die Landstraße und fährt links die Anhöhe hoch. Dort lag einmal die Todemannesborch, eine Festung gegen die Slawen. Die heutige Kirche wurde am 10. Juli 1644 geweiht, wie man an der Orgelempore lesen kann.
Wir fahren zurück zur großen Kreuzung, biegen links in die Straße nach Bavendorf ein und wenden uns 100 Meter weiter nochmals links. Unterwegs sieht man zahlreiche ***Fischteiche***; anhand der ufernahen Bäume erkennt man den gewundenen Lauf der Neetze. Die Viehkoppeln am Wegesrand sind durch Weiden abgegrenzt. Der Weg führt an **Wiecheln** vorbei, hinter einigen Häusern macht der Weg einen Linksschwenk mit einer kurzen Sandstrecke; nach der Rechtskurve beginnt ein schöner Asphaltweg, der über eine Kuppe nach Ellringen führt.
In **Ellringen** biegen wir links ab und fahren geradeaus über die ***Neetze*** nach Breetze – es sei denn, die Verlockung von Trapp's altem Gasthof an der Kreuzung ist größer. Bergauf, bergab radeln wir durch den Wald des Bargmoors nach **Breetze**, wo man einen Findlingsgarten besichtigen kann (Schild). Dort folgen wir der Straße nach Bleckede, von der links der *Ilenpoolweg* (*Richtung Ziegelei*) abzweigt. Bergab durch den Wald erreicht man nach knapp zwei Kilometern die ersten Häuser von **Bleckede**. Auf der ***Lüneburger Straße*** erreicht man die Ortsmitte.

Radverleih
Weber, Breite Str. 6, 21354 Bleckede, Tel. 05852/1272.

Übernachtungen unterwegs
Landhaus an der Elbe, Elbstr. 5, 21354 Bleckede, Tel. 05852/1230.

Einkehrmöglichkeiten
Restaurant am Schloßpark, Schützenweg, 21354 Bleckede, Tel. 05852/500; Trapp's alter Gasthof, Ellringen 10, 21368 Dahlenburg (Ellringen), Tel. 05851/1761, Dienstag Ruhetag.

Öffnungszeiten
Heimathalle Bleckede, Schloß, 21354 Bleckede, Besichtigung nur im Rahmen einer Schloßführung, Anmeldung unter Tel. 05852/1300.

Auskunft
Verkehrsverein Bleckede, Rathaus, 21354 Bleckede, Tel. 05852/97722 und Elbtalhaus, Lauenbuger Str. 15, 21354 Bleckede, Tel. 05852/2899 (Di – So 10 – 16).

Landkarten
Radwanderkarte 7 (ehem. RC 2726) Lüneburg 1:75 000.

6 Von Lüneburg nach Salzhausen

Lüneburg – Heiligenthal – Südergellersen – Röndahl – Luhmühlen – Salzhausen – Gut Schnede – Vierhöfen – Westergellersen – Südergellersen – Lüneburg

Ausgangsort
Lüneburg, Anfahrt mit Wagen oder Bahn.

Zielpunkt
Rundfahrt, evtl. Rückkehr mit dem »Heide-Expreß«.

Gesamttourenlänge
48 km.

Zeitbedarf
5 Stunden Fahrtzeit.

Etappen
6 km bis Heiligenthal, 13 km bis Luhmühlen, 2 km bis Salzhausen, 8,5 km bis Vierhöfen, 18,5 km bis Lüneburg.

Steigungen
Gering.

Geländestruktur
Flachwellige Landschaft längs der Luhe.

Sehenswertes
Mühle in Heiligenthal, alter Schafstall bei Südergellersen, Kirche in Salzhausen, Rundling Vierhöfen.

Wegmarkierungen
Wegweiser, verschiedene Markierungen.

Empfehlenswerter Radtyp
Tourenrad mit guter Gangschaltung.

Die Radtour führt in das sanfthügelige Gebiet westlich von Lüneburg, an die Luhe. Man sollte sich aber nicht die schöne Backsteinstadt **Lüneburg** entgehen lassen, deren Reichtum auf Salz gebaut ist: »De sulte dat is Luneborch«, sagte man früher in Lüneburg. Die Sulte, das Salz, war das weiße Gold des Mittelalters, für das die Hanse über Jahrhunderte ein Monopol besaß. Die Ausbeutung der Salzquelle durch die befestigte Lüneburger Saline war das erste großindustrielle Unternehmen Europas. Der Betrieb war gut organisiert: Aus einem Brunnen leitete man die Sole in 54 Siedehäuser, die mit je vier Bleipfannen ausgestattet waren. Die Produktion betrug im Jahr etwa 25 000 Tonnen Salz, das auf dem Land- und Wasserweg nach Lübeck und in andere Städte transportiert wurde. Es war überall begehrt, denn nur mit Salz ließ sich früher Fisch und Fleisch haltbar machen, vor allem der Hering, in der Fastenzeit ein sehr begehrtes Nahrungsmittel.

Die **Radtour** beginnt am **Deutschen Salzmuseum** in der ***Sülfmeisterstraße***, wo man alles über jene Zeit erfahren kann, da Lüneburg die begehrteste Ware der Hanse lieferte. Auf der ***Sülztorstraße*** geht es nach Süden. Am ***Oltrogge-Platz*** biegen wir rechts in die ***Soltauer Straße***, dann rechts in den ***Oedemer Weg*** ein. Auf dem schönen Radweg – unterwegs muß man zweimal rechts abbiegen – erreicht man das Dorf **Heiligenthal** am Hasenburger Mühlenbach. Die Wassermühle wurde zu einem stattlichen Hotel-Restaurant umgebaut, Spezialität sind Fischgerichte. Wir fahren an der **Kapelle** vorbei und biegen links in den ***Südergellerser Weg*** ein, eine wenig befahrene Asphaltstraße. Unterwegs trifft man auf ein Hügelgrab kurz hinter einem Wald. In **Südergellersen** – der Ortsname leitet sich vom Gallaberg ab, einer Richtstätte – fahren wir rechts und verlassen auf dem ***We-***

An der St. Johanniskirche in Salzhausen hat jedes Jahrhundert seine Spuren hinterlassen.

stergellerser Weg den Ort. Die Straße geht in einen festen Waldweg über. Etwa 200 Meter hinter dem Waldrand liegt rechts des Weges am ***Hambornsberg*** ein alter Schafstall mit Rastplätzen. Ein kurzer Weg führt dorthin, allerdings kann man im Sommer den Stall wegen des Laubes nur schwer erkennen.

Wir setzen den Weg fort, passieren den ***Funkturm*** und eine ***Radsportanlage*** im Wald und biegen in den zweiten größeren Weg hinter dem Funkturm – dort erstrecken sich freie Felder – links nach Röndahl ab (Achtung: Hier treffen wir beim Rückweg wieder ein). Der breite, manchmal etwas sandige Forstweg war früher ein Postweg und führt an einem alten **Grenzstein** vorbei, der den Forst, genannt »Gellerser Anfang«, markiert.

An einer einsamen Straßenkreuzung biegen wir rechts nach **Hof Röndahl** ab, das wir in einem Bogen umfahren. Wir folgen der Asphaltstraße mit schöner Birkenallee nach **Luhmühlen**, bekannt durch die alljährlich im Frühsommer veranstalteten Deutschen Meisterschaften der Military-Reiter. Wer den Turnierplatz aufsuchen will, fährt an der T-Kreuzung rechts und biegt in die erste größere Straße links ein. Wir wenden uns an der Kreuzung jedoch links und fahren auf der ***Alten Dorfstraße*** (Radweg) nach Salzhausen. Der Weg führt über die **Luhe**, wo seit 1205 eine **Wassermühle** steht, der Luhmühlen den Namen verdankt.

In **Salzhausen** unterhielt Lüneburg einige Salzspeicher. Größte Sehenswürdigkeit des Luhe-Städtchens ist die **St. Johanniskirche** mit dem runden, kupfergedeckten Turm aus Feldsteinen. Sie geht angeblich auf das 12. Jh. zurück. Der trutzige Wehrturm wurde Mitte des 15. Jh. an die Kirche gebaut. Ein Spaziergang rund um die Kirche, wo früher das Goh-Gericht, ein mittelalterliches Bauerngericht, unter freiem Himmel tagte, lohnt sich, denn so verpaßt man nicht den schönen Fachwerkgiebel von 1643, der über dem Chor prangt. Hinter der Kirche findet man die **Dörpschün**, ein über 200 Jahre altes Fachwerkhaus mit Reetdach, in dem Konzerte stattfinden.

Hinter dem Josthof führt die Route weiter auf der ***Winsener Straße*** und der ***Schützenstraße*** zum ehemaligen **Gut Schnede**. Rechter Hand erstreckt sich die Niede-

Gut Schnede bei Vierhöfen ist an warmen Sommertagen ein beliebtes Ziel für eine Radtour.

rung der Luhe, umgeben von Weideland. Der dritte Weg nach rechts führt durch das Gut, das früher die größte Forellenzucht in Europa hatte. Heute wird das Gut als Reiterhof genutzt. Hinter dem stattlichen Gutshaus überqueren wir die Luhe (schöne Aussicht) und folgen dem Verlauf der Straße nach **Vierhöfen**.
Wir stoßen auf die ***Rehleinstraße***, halten uns links, biegen rechts in die Straße ***Immenhagen*** ab, kurz darauf abermals rechts in die ***Alte Dorfstraße***, die am Dorfplatz (Informationstafel) vorbeiführt. Hier sollte man in die Runde schauen: Vierhöfen geht auf einen Rundling aus vier Bauernhöfen zurück, einige Gebäude stehen noch an ihrem angestammten Platz. Warum die ersten Siedler, vermutlich Slawen, die Giebel ihrer Häuser zur Ortsmitte richteten, ist nicht bekannt.
Von Vierhöfen führt die Landstraße (mit Radweg) nach **Westergellersen**. Am Ortsausgang Richtung ***Kirchgellersen*** zweigt rechts der ***Südergellerser Weg*** ab. Nach 1500 Metern kommen wir an die bekannte Kreuzung (siehe oben): Wir radeln wenige Meter rechts und biegen links nach Südergellersen ab. Wie auf der Herfahrt geht es zurück nach Lüneburg.

Radverleih
Laden 25, Am Werder 25, 21335 Lüneburg, Tel. 04131/37960; Josthof in Salzhausen, siehe Einkehr.

Übernachtungen unterwegs
Jugendherberge Lüneburg, Soltauer Str. 133, 21335 Lüneburg, Tel. 04131/45747; Hotel Wassermühle, Hauptstr. 10, 21394 Südergellersen (Heiligenthal), Tel. 04135/7157.

Einkehrmöglichkeiten
Josthof, Am Lindenberg 1, 21376 Salzhausen, Tel. 04172/292.

Öffnungszeiten
Deutsches Salzmuseum, Industriedenkmal Saline Lüneburg, Sülfmeisterstr. 1, 21335 Lüneburg, Tel. 04131/45065, Mai – Sept. Mo – Fr 9 – 17 Uhr, Sa und So 10 – 17 Uhr, Okt. – April Mo – Fr 10 – 17 Uhr, Sa und So 10 – 17 Uhr.

Auskunft
Fremdenverkehrsamt Lüneburg, Am Markt, 21335 Lüneburg, Tel. 04131/309593 und 32200; Verkehrs- und Kulturverein Salzhausen, Rathaus, Schulstr. 26, 21376 Salzhausen, Tel. 04172/909915.

Landkarten
Radwanderkarte 7 (ehem. RC 2726) Lüneburg 1:75 000.

7 Von Lüneburg über Wilsede nach Schneverdingen

Lüneburg – Salzhausen – Lübberstedt – Egestorf – Döhle – Wilsede – Wilseder Berg – Niederhaverbeck – Schneverdingen

Ausgangsort
Lüneburg, Bahnhof.

Zielpunkt
Schneverdingen, Rückfahrt über Buchholz und Hamburg-Harburg oder mit dem »Heide-Expreß«.

Gesamttourenlänge
60 km.

Zeitbedarf
6 Stunden Fahrtzeit.

Etappen
21 km bis Salzhausen, 14 km bis Egestorf, 4 km bis Döhle, 5,5 km bis Wilsede, 1,5 km bis Wilseder Berg, 14 km bis Schneverdingen.

Steigungen
Zahlreiche Steigungen bis zu 20 m.

Geländestruktur
Klassische Heidelandschaft.

Sehenswertes
Kirche in Egestorf, Heidemuseum »Dat ole Huus« in Wilsede, Wilseder Berg.

Wegmarkierungen
Normale Wegweiser.

Empfehlenswerter Radtyp
Tourenrad mit breiten Reifen.

Die folgende Tagestour ist für Radler geplant, die eine längere Strecke fahren und per Bahn zurückkehren wollen.
Beginn der **Radtour**, auf der Sie ein Fernglas mitnehmen sollten, ist der Bahnhof in **Lüneburg**. Mit dem Rücken zum Bahnhof stehend, fahren wir links die ***Bahnhofstraße*** entlang, biegen rechts in die ***Altenbrückertorstraße*** ein und erreichen den Platz **Am Sande**. Hier mußten im Mittelalter die Kaufleute dem Stapelrecht gemäß drei Tage lang ihre Waren anbieten. Die gotische **St. Johanniskirche**, Wahrzeichen Lüneburgs, wurde 1300 – 1370 erbaut. Der 108 Meter hohe Turm vom Beginn des 15. Jahrhunderts mit schönem Kupferdach und einer Turmuhr inmitten einer verblendeten Rosette beherrscht den gesamten Platz. Größte Sehenswürdigkeiten im Innern sind der Hochaltar von 1430 – 1485 und die **Orgel**, 1551/53 von H. Niehoff und J. Johansen aus s'Hertogenbosch angefertigt. Sie gilt als die bedeutendste Orgel Norddeutschlands.

Wir fahren ***Am Sande*** auf das schwarze Gebäude der Industrie- und Handelskammer zu, ein **Renaissancehaus** von 1548, und biegen dann anschließend links in die ***Rote Straße*** ein. An der nächsten Ampel fahren wir rechts und radeln am Kurzentrum vorbei. Kurz darauf führt der Radweg rechts in Richtung ***Oedeme***.
Von dort verläuft die Fahrt bis Salzhausen gemäß Tour 6.
In **Salzhausen** fahren wir auf der ***Lüneburger Straße*** an der Kirche vorbei und radeln halblinks über die ***Hauptstraße*** und die ***Bahnhofstraße*** (Radweg) in Richtung **Gödenstorf**. Dort biegen wir links in die wenig befahrene ***Dammstraße*** nach Lübberstedt ein. Links sieht man weiter in der Ferne die ***Eyendorfer Mühle***.
In **Lübberstedt** halten wir uns rechts und biegen, dem Wegweiser folgend, links ein, überqueren das Gleis und fahren links auf der Straße ***Bauerntor*** nach **Egestorf**.

Hinweis für Besucher in Döhle: »Hier gibt's die Fahrräder für die Tour zum Wilseder Berg.«

Nach 300 Metern halten wir uns rechts und folgen dem Fahrweg unter der Autobahn hindurch.
Ein Abstecher nach rechts ins Hauptdorf **Egestorf** ist sehr zu empfehlen. Die **St. Stephanuskirche**, eine Fachwerkkirche mit hölzernem Glockenturm, wurde während des Dreißigjährigen Krieges auf feldsteinernem Fundament errichtet. In ihrem Innern steht ein Renaissance-Altar mit reichem Schnitzwerk, im Chor sind die Sitzplätze der Dorfbewohner mit Namensschildern versehen. Wilhelm Bode, Begründer des Vereins Naturschutzpark Lüneburger Heide, war lange Zeit Pastor der Kirche. Von ihm geht die Rede, er habe mehr für die Heide als für seine Gemeinde getan.
Im **»Dresslers Hus«** kann man sich Bilder über »das schöne Egestorf« ansehen.
Nach diesem Abstecher fahren wir über die *Waldsiedlung* Egestorf nach **Döhle** (unterwegs rechts halten). Das mit schönen Fachwerkhäusern geschmückte Heidedorf wurde zum ersten Mal 1231 genannt. Empfehlenswert ist ein Besuch im **»Haus der Natur«**: In großen Dioramen werden Fauna und Flora der Heide dargestellt.
In Döhle fahren wir am Aevermannshof vorbei nach Wilsede. Der gut befahr-

Die Landschaft rings um den Wilseder Berg bietet in jeder Himmelsrichtung neue Eindrücke der Heide.

Radwanderer rasten auf der flachen Kuppe des Wilseder Bergs und genießen den Ausblick.

bare Weg führt über die Schmale Aue, anschließend stetig bergan durch die Döhler Fuhren.
Auf halber Strecke öffnet sich der Wald zu einer zauberhaften Heidelandschaft. Kurz vor Wilsede liegt rechts der **Billungstein**, ein Hügelgrab. Kurz vor Wilsede findet man am Weg einen **Hudewald** mit mächtigen Buchen, in dem die Heidebauern früher Schweine mästeten.
In **Wilsede** kann man sehr gut einkehren – wenn der Andrang der Gäste nicht zu groß ist. Ein Besuch des **Heidemuseums »Dat ole Huus«** ist sehr zu empfehlen. Die größte Sehenswürdigkeit aber ist das Dorf an sich mit seinen Höfen, den Treppenspeichern und Schafställen, Feldsteinmauern und alten Eichen.
Beim Museum beginnt der kurze Weg zum **Wilseder Berg**. Die Aussicht ist nach fast allen Seiten hervorragend, besonders nach Norden, in Richtung Hamburg. Neben der **Solitär-Buche**, dem »Erkennungzeichen« des Wilseder Bergs, führt der Weg steil hinunter in Richtung *Niederhaverbeck*: **Vorsicht** – hier sollte man absteigen, es besteht **Unfallgefahr!** Noch bergab, wenden wir uns links, am Bienenhaus rechts halten. An der Gabelung fahren wir nicht in Richtung Fürstengrab, sondern rechts nach **Einem**. Der Waldweg führt stetig bergab, zahlreiche Findlinge säumen den Weg. Man radelt an den wenigen Höfen des Dorfes **Einem** vorbei, überquert die Landstraße und fährt geradeaus in Richtung Bundesstraße 3 (unterwegs halblinks halten). Bei **Hof Barrl** erreichen wir die Bundesstraße. Wir biegen links in den Radweg ein, fahren nur wenige hundert Meter nach Süden und überqueren die Straße. Gegenüber führt ein holpriger Asphaltweg nach Westen zu den Bahngleisen der Heidebahn. Unmittelbar dahinter biegt links ein Radweg ab.
Dieser Radweg führt bis an den Ortsrand von **Schneverdingen**. Die ersten Häusern umfahren wir nach rechts und biegen in die Straße zur Ortsmitte ein. Auf der ***Harburger Straße*** erreicht man das Zentrum von Schneverdingen, biegt am Verkehrsverein links in die ***Verdener Straße*** ein, dann links in die ***Bahnhofstraße*** und erreicht den Bahnhof.

Radverleih
Laden 25, Am Werder 25, 21335 Lüneburg, Tel. 04131/37960; Pension Auetal, Dorfstr. 42, 21272 Egestorf, Ortsteil Döhle, Tel. 04175/439.

Übernachtungen unterwegs
Hotel zu den acht Linden, Alte Dorfstr. 1, 21272 Egestorf, Tel. 04175/450.

Einkehrmöglichkeiten
Aevermannshof, Dorfstr. 44, 21272 Egestorf, Ortsteil Döhle, Tel. 04175/1454; Witthöft's Gästehaus, Bispingen-Wilsede, Tel. 04175/545.

Öffnungszeiten
St. Johanniskirche, Am Sande, 21335 Lüneburg, Di – Do 11 – 16, Fr 11 – 17.30 Uhr, Sa 11 – 18, So 9 – 16 Uhr, Tel. 04131/44542; St. Stephanuskirche, 21272 Egestorf, Juni bis Okt. täglich, im Sommer alle 14 Tage am So um 17 Uhr »Musik in alten Heidekirchen« (abwechselnd mit Undeloh); »Dresslers Hus«, Im Sande 4, 21272 Egestorf, Mai – Okt. tägl. 10 – 12, 15 – 18 Uhr; Haus der Natur, Dorfstr. 38, 21272 Egestorf, Ortsteil Döhle, Mai – Sept. Di – So 10 – 12, 14 – 18 Uhr, Tel. 04175/1615.

Auskunft
Verkehrsverein Egestorf, Barkhof 1 b, 21272 Egestorf, Tel. 04175/1516; Tourist-Information Schneverdingen, Schulstr. 6 a, 29640 Schneverdingen, Tel. 05193/93180-182.

Landkarten
Radwanderkarte 7 (ehem. RC 2726) Lüneburg 1:75 000; Radwanderkarte RC 3126 Uelzen 1:75 000; Radwanderkarte RC 3122 Soltau 1:75 000.

8 Von Salzhausen nach Soderstorf und Oldendorf

Salzhausen – Soderstorf – entlang der Luhe – Oldendorf – Salzhausen

Ausgangsort
Salzhausen, Anfahrt mit dem Wagen, ggf. Anschluß an den »Heide-Expreß«.

Zielpunkt
Rundfahrt.

Gesamttourenlänge
29 km.

Zeitbedarf
3 Stunden Fahrtzeit.

Etappen
9 km bis Soderstorf, 7 km bis Oldendorf, 13 km bis Salzhausen.

Steigungen
Einige langgestreckte Steigungen bis zu 20 m.

Geländestruktur
Sanfthügelige Wald- und Ackerlandschaft längs der Luhe-Niederung.

Sehenswertes
Windmühle in Eyendorf, Gräberfeld und Wassermühle in Soderstorf, Totenstatt bei Oldendorf.

Empfehlenswerter Radtyp
Tourenrad mit Gangschaltung.

Die Route verläuft zwar über einige langgestreckte Hügelkuppen, ist insgesamt aber leicht zu radeln und macht mit einigen Besonderheiten der Lüneburger Heide bekannt, den Wassermühlen und Großsteingräbern. Eine Spezialität hält der Ausgangsort Salzhausen bereit – den »Haidmärker«, einen Klaren, den man am besten mit Katenschinken zu sich nimmt.
Salzhausen, über tausend Jahre alt, war bis 1529 Sitz eines Archidiakonats. In dem Dorf an der Luhe bewahrten die Lüneburger Salz auf, das »Gold des Mittelalters«. Stummer Zeuge jener Zeit ist die **St. Johanniskirche**, an der jedes Jahrhundert seine Spuren hinterlassen hat. Um 1480 wurde der mächtige Rundturm aus Feldsteinen gemauert, der mit seinem kupfernen Dach schon von weitem zu sehen ist. Am Rathaus an der Lüneburger Straße führt eine Straße zum **Paaschberg** hoch, von dessen Aussichtsturm man einen guten Rundblick hat.
Die **Radtour** beginnt an der Kirche und führt ein kurzes Stück auf der *Hauptstraße* in Richtung *Gödenstorf*. Wir biegen links

Schon von weitem sieht man die weiße Mühle von Eyendorf hoch über dem Dorf auf der Anhöhe stehen.

Die alte Wassermühle von Soderstorf an der Luhe ist seit Jahrhunderten Eigentum der Familie Vogt.

in die *Eyendorfer Straße* (Radweg) ein, die sacht bergab nach **Eyendorf** führt. Das Dorf liegt in einer Senke, die Hauptstraße führt den Hügel hinauf, vorbei am Landhaus Eyendorf, bis zur 1896 errichteten **Holländerwindmühle**. Sie ist voll betriebsfähig. Von der Kuppe hat man einen ausgezeichneten Blick nach Gödenstorf und Lübberstedt hinüber. Gegenüber der Mühle biegen wir in die Straße *Am Wasserwerk* ein, passieren das Hotel Sander, halten uns beim Ehrenmal zweimal rechts und fahren links in die *Ravener Straße*. Über einige langgestreckte Hügel erreichen wir **Raven** mit der **Martinskirche** aus dem 14. Jahrhundert, die ihre Schönheit erst im Innern offenbart. Weiter auf der Landstraße kommen wir nach **Rolfsen**, wo ein interessantes, in

der Heide recht seltenes **Dolmengrab** zu besichtigen ist: Die kleine Steinkammer ist von Rollsteinpflaster umgeben, darumherum stehen im Kreis die üblichen Findlinge. Man erreicht das ausgeschilderte Grab, indem man von der Landstraße rechts zwei Kilometer den *Lübberstedter Weg* entlangradelt. Auf der Landstraße (*Radweg*) erreichen wir **Soderstorf**. Die erste Straße links ist der *Wohlenbütteler Weg*, den wir später befahren werden. Es lohnt sich sehr, in das Dorf hineinzufahren, um die **Wassermühle** an der Luhe zu besichtigen. Sie liegt gleich hinter dem Informationshäuschen an der Mühlenstraße. Die Räder sollte man vorn abstellen, denn der kurze Weg zur **Luhe-Insel** führt über eine Brücke mit Stufen. Auf der Insel stehen ein Backhaus aus dem 17. Jahrhundert und die Fachwerk-Wassermühle von 1821, deren Wasserrad sich noch munter dreht. Es mißt sechs Meter im Durchmesser. Am Gestänge, das die Kraft überträgt, kann man die Arbeitsweise der Mühle gut erkennen. Eine Mühle an dieser Stelle – sie verarbeitete Roggen, Weizen, Grütze und Gerberlohe – wurde bereits 1427 erwähnt, 1650 kam sie in Besitz der Familie Vogt. Neben der Mühle gibt es einen Rastplatz, wo man sich der Atmosphäre des wasserumtosten Platzes überlassen kann.
Wir radeln zurück und biegen rechts in den Weg nach *Wohlenbüttel* ein, der nördlich der Luhe verläuft. Etwa 1,5 Kilo-

meter hinter dem Abzweig liegt rechts ein frühgeschichtliches **Gräberfeld**, das zwei Jahrtausende in Gebrauch war. Das älteste Grab vorn am Weg, ein sogenanntes Großsteingrab der Jungsteinzeit, wurde in der Trichterbecherkultur (2800–2200 v. Chr.) angelegt, in der Einzelgrabkultur (um 2000 v. Chr.) neu belegt und in der frühen Bronzezeit (um 1700 v. Chr.) zu einem Grabhügel umgestaltet. Hinten sieht man einen bronzezeitlichen Grabhügel mit Steinkranz für Baumsargbestattungen. Dazwischen liegt ein Urnenfriedhof der frühen Eisenzeit (500 bis 300 v. Chr.) mit runden Feldsteinpflasterungen.

Wir radeln weiter geradeaus nach Oldendorf. Die ruhige Straße durch den Wald wird ab und zu von Sandstrecken unterbrochen. In **Oldendorf** angekommen, kann man die ***Amelinghausener Straße*** rechts fahren, um sich beim Restaurant Dionysos auf der Terrasse unter Eichenbäumen zu erholen. Andernfalls halten wir uns links, fahren nach 300 Metern rechts in Richtung Lüneburg und biegen nach kurzer Strecke links nach Wetzen ab (kurz hinter der Luhe weist ein Schild rechts zum Gräberfeld Oldendorf, siehe Tour 9). Schon in Sichtweite von **Wetzen** sollte man bei einer einzelnen Eiche links abbiegen, die Landstraße überqueren und geradeaus in Richtung ***Röndahl*** und ***Luhmühlen*** radeln. Hinter der einsamen Straßenkreuzung im Wald umfahren wir geradeaus **Hof Röndahl** und folgen der Asphaltstraße nach **Luhmühlen**.

Der kleine Ort ist vor allem bekannt durch die alljährlichen Deutschen Meisterschaften der Military-Reiter. Wer den Turnierplatz aufsuchen will, fährt an der T-Kreuzung rechts und biegt in die erste größere Straße links ein. Wir wenden uns an der Kreuzung jedoch links und fahren auf dem Radweg der Alten Dorfstraße über die Luhe nach **Salzhausen**.

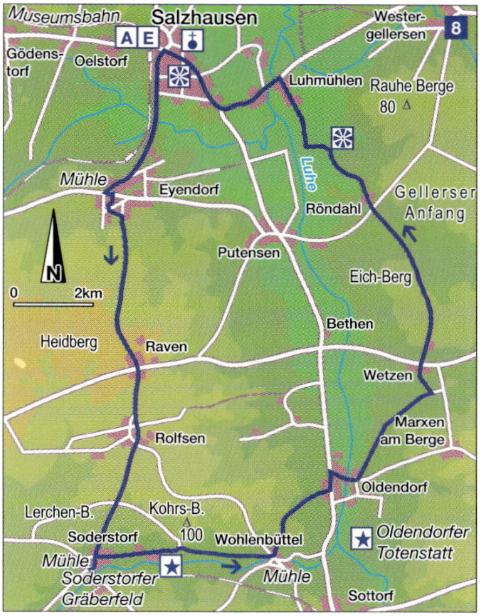

Radverleih
Haus des Gastes, Schützenstr. 4, 21385 Salzhausen, Tel. 04172/240, Di – So 10 – 17.

Übernachtungen unterwegs
Josthof, Am Lindenberg 1, 21376 Salzhausen, Telefon 04172/292.

Einkehrmöglichkeiten
Café Karsten, Hauptstr. 26, 21388 Soderstorf, Tel. 04132/388; Restaurant Dionysos, Amelinghausener Str. 19, 21385 Oldendorf, Tel. 04132/1697.

Öffnungszeiten
Wassermühle Soderstorf, Nr. 4, 21388 Soderstorf, Besichtigung nach Absprache mit Fam. Vogt im Wohnhaus, Tel. 04132/318.

Auskunft
Verkehrs- und Kulturverein Salzhausen, Rathaus, Schulstr. 26, 21376 Salzhausen, Tel. 04172/909915; Verkehrs- und Kulturverein Amelinghausen, Lüneburger Str. 50, 21385 Amelinghausen, Tel. 04132/920919.

Landkarten
Radwanderkarte 7 (ehem. RC 2726) Lüneburg 1:75 000; Radwanderkarte RC 3126 Uelzen 1:75 000.

9 Von Amelinghausen über Soderstorf nach Oldendorf und Betzendorf

Amelinghausen – Lopausee – Olderdorfer Totenstatt – Oldendorf – Wohlenbüttel – Soderstorf – Rehrhof – Rehlingen – Betzendorf – Amelinghausen

Ausgangsort
Amelinghausen oder der Wanderparkplatz nördlich der B 209 an der Lopau, ggf. mit dem »Heide-Expreß«.

Zielpunkt
Rundfahrt.

Gesamttourenlänge
27 bzw. 43 km.

Zeitbedarf
3 – 4½ Stunden Fahrtzeit.

Etappen
5 km bis Oldendorfer Totenstatt, 8 km bis Soderstorf, 12 km bis Rehlingen, 10 km bis Betzendorf, 8 km bis Amelinghausen.

Steigungen
Viele langgezogene Steigungen bis zu 30 m.

Geländestruktur
Hügelige Wald- und Ackerlandschaft zu beiden Seiten der Luhe und Lopau.

Sehenswertes
Gräberfelder in Oldendorf und Soderstorf, Wassermühle Soderstorf, Rehrhof mit altem Wollspeicher, Wehrkirche Betzendorf.

Wegmarkierungen
Wegweiser.

Empfehlenswerter Radtyp
Tourenrad mit Gangschaltung.

Die folgende Radtour stellt keine geringen Ansprüche an die Sportlichkeit der Radler und deren Ausdauer. Sie ist als Tagestour geplant, läßt sich aber auch in Ehlbeck abbrechen – was dann einer Halbtagestour entspräche. Günstiger Zeitpunkt ist das Heideblütenfest vom 2. Samstag bis zum 3. Sonntag im August.
Amelinghausen an der Lopau geht zurück auf den Bischof Amelung von Verden, der beim Ort reiche Erbgüter besaß. Alljährlich feiert die Gemeinde im August das Heideblütenfest mit Krönung der Heidekönigin. Das **Heimatmuseum** stellt Geschiebe aus Skandinavien aus, zeigt Funde der Vor- und Frühgeschichte aus den »Hünengräbern« der Umgebung sowie Hausgeräte.
Die **Radtour** beginnt beim Heimatmuseum hinter dem Rathaus. Wir radeln auf der *Lüneburger Straße* in Richtung Lopausee. Kurz hinter der Post biegen wir rechts in den *Lerchenweg*, dann links in die Promenade ein, die zum **Lopausee** führt. Der Lopausee wurde Anfang der siebziger Jahre angelegt, man kann dort baden und rudern. Wir fahren links am See entlang und radeln durch die Unterführung zum Wanderparkplatz nördlich der Bundesstraße 209, wo sich die Radtour ebenso gut beginnen läßt.
Von dort fahren wir auf dem *Soldatenweg* nach Norden bis zum *Heideblütenfestplatz,* einer großen, mit Besenheide bewachsenen Lichtung. Wir radeln links an der Schutzhütte vorbei auf dem gewundenen *Soldatenweg* an der Lopau entlang, die gelegentlich durch die Bäume zu sehen ist, und erreichen nach etwa 1,5 Kilometern die **Oldendorfer Totenstatt**, eines der bekanntesten Gräberfelder der Lüneburger Heide. Der Bestattungsplatz an der Mündung der Lopau in die Luhe wurde länger als ein Jahrtausend benutzt. Tafeln informieren über die sechs Gräber, darunter drei Großsteingräber aus

der Jungsteinzeit (um 2500 v. Chr.), deren längstes 80 Meter mißt, und bronzezeitliche Grabhügel (1900 – 1000 v. Chr.).
Auf dem Pflasterweg radeln wir weiter bis zur ***Marxener Straße***, in die wir links nach **Oldendorf** einbiegen. An der Kreuzung geht es links auf der ***Amelinghausener Straße*** durch den Ort (links auf dem Mühlenweg erreicht man die Oldendorfer Mühle). Eine Wegstrecke weiter trifft man auf das Restaurant Dionysos mit einladender Terrasse unter schattigen Eichen. Auf dem Radweg verlassen wir den Ort; in einer langen Linkskurve, kurz vor der ***Luhe-Brücke***, biegt rechts ein Asphaltweg nach **Wohlenbüttel** ab.
Nach etwa 400 Metern führt die Route links über die Luhe – ein ausgesprochen idyllischer Ort. Wir radeln durch das Dorf und überqueren die Luhe ein zweites Mal. Kurz darauf biegen wir links ab und fahren auf teils sandigem, teils asphaltiertem Weg in Richtung Soderstorf. Auf halbem Weg führt die Route links weiter, kurz darauf folgt das **Soderstorfer Gräberfeld** (siehe Tour 8).
Wir radeln nach **Soderstorf**, fahren links in die Hauptstraße und erreichen hinter dem Informationshäuschen die Wassermühle (siehe Tour 8). Nur wenige Meter weiter biegt rechts der ***Mühlenstraße*** die ***Bahnhofstraße*** ab, die geradeaus über die Bahngleise bei ***Thansen*** nach Rehrhof führt. Beim Hanfberg überqueren wir die Bundesstaße 209 und legen beim **Rehrhof** einen Halt ein.

Die Luhe bei Wohlenbüttel vermittelt dem Radwanderer einen Eindruck der landschaftlichen Vielfalt der Lüneburger Heide.

Von Amelinghausen nach Oldendorf und Betzendorf

Neugierig nimmt der Schimmel auf dem Rehrhof die durchfahrenden Radwanderer ins Visier.

Rehrhof ist wohl einer der schönsten Höfe der nördlichen Lüneburger Heide. Jedes Haus, jede Scheune hat seine Eigenart; man entdeckt Fledermausgauben im bemoosten Dach, alte Toreinfahrten und Fachwerkgiebel. Ein originelles Gebäude ist der alte Wollspeicher, ein Fachwerkhaus auf Holzstelzen, unter dem einige schwarze Kutschen stehen.

Wir verlassen Rehrhof auf der ***Munster Straße*** nach Süden und biegen links nach **Ehlbeck** ein. Wer die Fahrt nun abbrechen will, erreicht von Ehlbeck auf dem Fahrweg geradeaus **Amelinghausen**.

Wer dagegen weiterfahren möchte, biegt etwa 1,5 Kilometer hinter ***Ehlbeck*** rechts nach **Rehlingen** ab. Wir fahren geradeaus auf der ***Büntstraße*** bis zur Ortsmitte, überqueren die Hauptstraße und fahren auf der ***Diersbütteler Straße*** (hinter dem Ort links halten) nach **Diersbüttel**. Nun beginnt die Durststrecke: Von Diersbüttel führt nur eine Landstraße ohne Radweg über ***Tellmer*** nach Betzendorf, eine Strecke von insgesamt 6,5 Kilometern.

In **Betzendorf** steht die **St.-Peter-und-Paul-Kirche** aus dem 14. Jahrhundert, eine der schönsten Kirchen der Umgebung. Sie birgt einen spätgotischen Altarschrein

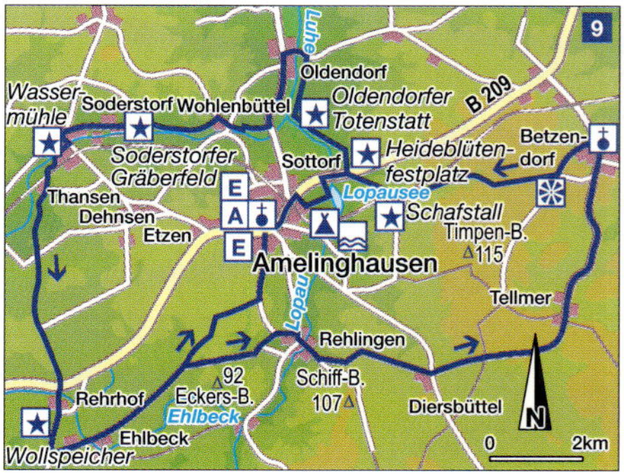

von 1450 und ein Taufbecken aus dem 14. Jahrhundert. Das Besondere ist der runde Wehrturm, der viel älter als die Kirche ist. An den Fenstern kann man sehen, daß seine Mauern nach Metern messen. In Betzendorf fahren wir in der Dorfmitte hoch zum ***Betzendorfer Berg***. An der Wegkreuzung (fünf Wege) geht es auf dem mit A 1 gekennzeichneten Weg weiter in Richtung **Schafstall** bei Amelinghausen. Wir überqueren das Bahngleis und erreichen an der Bundesstraße 209 den ***Wanderparkplatz***. Auf dem Radweg erreichen wir **Amelinghausen**.

Radverleih
Brüggemann, Im Dorfe 7, 21385 Amelinghausen, Tel. 04132/273; Apartmentanlage Hedder, Gärtnerweg 2, 21385 Amelinghausen, Tel. 04132/8585.

Übernachtungen unterwegs
Schenck's Gasthof, Lüneburger Str. 48, 21385 Amelinghausen, Tel. 04132/314.

Einkehrmöglichkeiten
Landgut Lopautal, Büntstr. 2, 21385 Rehlingen, Tel. 04132/8323; Landgasthof Konik, Im Dorfe 6, 21386 Betzendorf, Tel. 04138/366.

Öffnungszeiten
Museum Amelinghausen, Marktstr. 1, 21385 Amelinghausen, Di – So 10 – 16 Uhr, Tel. 04132/406; Zinnfiguren-Museum, Soltauer Str. 3, 21385 Amelinghausen, Schlüssel tägl. erhältlich im Landgasthaus Niedersachsen, Soltauer Str. 3, Amelinghausen; Oldendorfer Mühle, Mühlenweg 1, 21385 Oldendorf, zur Besichtigung ganztägig geöffnet.

Auskunft
Verkehrs- und Kulturverein Amelinghausen, Lüneburger Str. 50, 21385 Amelinghausen, Tel. 04132/920919.

Landkarten
Freizeitkarte Amelinghausen (1:25 000); Radwanderkarte RC 3126 Uelzen 1:75 000.

10 Von Handeloh über Undeloh und Wilsede nach Schneverdingen

Handeloh – Wesel – Undeloh – Niederhaverbeck – Schneverdingen

Ausgangsort
Handeloh, Anfahrt mit der Heidebahn.

Zielpunkt
Schneverdingen, Rückfahrt mit der Heidebahn.

Gesamttourenlänge
32 km.

Zeitbedarf
3 Stunden Fahrtzeit.

Etappen
11 km bis Undeloh, 4,5 km bis Wilsede, 1,5 km bis Wilseder Berg, 4,5 km bis Niederhaverbeck, 10,5 km bis Schneverdingen.

Steigungen
Bis zu 25 m.

Geländestruktur
Romantische Heidelandschaft mit Erika, Wacholder, Birken, Eichenalleen, streckenweise auch Wald.

Sehenswertes
St. Magdalenen in Undeloh, Schafställe am Wegesrand, Museum »Dat ole Huus« sowie alte Höfe und Speicher in Wilsede, Wilseder Berg, Fürstengrab.

Wegmarkierungen
Wegweiser.

Empfehlenswerter Radtyp
Tourenrad mit breiten Reifen.

Der erste Teil dieser Radtour, auf der Sie ein Fernglas dabei haben sollten, führt auf guten Radwegen bis Undeloh, danach

Die dunklen Schafställe – hier bei Wilsede – gehören seit Jahrhunderten zum Bild der Lüneburger Heide.

geht es nicht ganz so komfortabel durch den schönsten Teil der Lüneburger Heide. Beginn der **Radtour** ist der Bahnhof der Heidebahn in **Handeloh**. Auf dem Radweg längs der Straße fahren wir am **Naturkundlichen Museum** vorbei nach **Inzmühlen**, überqueren die *Seeve* und fahren auf der Landstraße weiter nach **Wesel**.

Das schön gelegene Heidedorf, erstmals 1420 erwähnt, beeindruckt durch seinen großen Bestand an alten Bäumen. Auch einen seltenen Schafstall mit seitlichem Eingang gibt es hier. Auf dem Radweg längs der Landstraße geht es weiter nach Undeloh. Zu beiden Seiten der Straße erstrecken sich große Heideflächen mit einigen Rastplätzen.

Undeloh liegt sehr schön in einem Talgrund und galt einst als der Inbegriff eines beschaulichen Heidedorfes. Doch der noch immer hübsche Ort hat sich aufgrund des Besucheransturms zu einer Art Touristenzentrum entwickelt, und besonders zur Zeit der Heideblüte ist es mit der Beschaulichkeit nicht mehr weit her.

Das über achthundert Jahre alte Dorf wurde von Langobarden gegründet: Undeloh bedeutet Quellhain, also ein Wald nahe der Quelle des Radenbachs, der hier entspringt. Die **St.-Magdalenen-Kapelle** wurde als feldsteinerne Wehrkirche Ende des 12. Jahrhunderts erbaut, der Fachwerkanbau mit Chor kam erst 1641 dazu. Neben der Kirche biegt die ***Wilseder Straße*** in Richtung Wilsede ab. Man kommt am **Haus der Natur** und dem **Föhrenhof** des Kunstmalers Bernhard de Bruycker (1891–1971) vorbei und radelt bergan nach Wilsede. Zu beiden Seiten erstrecken sich große Heideflächen mit Wacholdersäulen und Birken.

Eine Gruppe von Radlern berät auf dem Wilseder Berg die nächste Etappe des Weges.

Wilsede ist ein weitgehend autofreies Dorf, insofern bleibt es dort auch zur Heideblüte im Spätsommer angenehm ruhig. Lieblich gruppieren sich die wenigen Höfe um das weite Tal der Schwarzen Beeke. Das erstmals 1287 erwähnte Heidedorf ist fast ganz Eigentum des Vereins Naturschutzpark, der das alte Dorf mit seinen Fachwerkhöfen, trocken gesetzten Feldsteinmauern, altertümlichen Treppenspeichern, Wiesengründen und altem Hudewald erhalten konnte. Wilsede zählt heute rund 40 Einwohner und zwei Heidschnuckenherden. Größte Attraktion ist das **Heidemuseum »Dat ole Huus«**, 1907 von dem Lehrer Bernhard Dageförde geschaffen. Das 1742 gebaute Fachwerkhaus stand ursprünglich in Hanstedt und wurde in Wilsede wieder aufgebaut. In einem solchen Haus lebte früher eine Bauernfamilie mit dem Vieh unter einem Dach. Von der offenen Herdstelle zog der Rauch durch das Haus, hielt Ungeziefer fern und räucherte gleichzeitig den unter dem Dach hängenden Schinken.
Ganz in der Nähe des Museums führt ein Weg mäßig bergan zum **Wilseder Berg**. Wer einen richtigen Berg erwartet hat, wird von dem Hügel enttäuscht sein. Die Kuppe ist sehr breit angelegt, die Aussicht in fast alle Himmelsrichtungen ist allerdings ausgezeichnet.

10 Von Handeloh über Undeloh u. Wilsede nach Schneverdingen

Am Weg nach Niederhaverbeck heißt es absteigen, denn es geht steil bergab (*Unfallgefahr!*). Wir wenden uns links zu einem alten Bienenzaun, dann recht zum **Fürstengrab**, auch Ebbenbrocken genannt. Es ist das größte Hügelgrab im Naturschutzgebiet. Kurz darauf liegt linker Hand ein großer *Schafstall*. An einer Kreuzung radeln wir rechts und erreichen den Parkplatz von Niederhaverbeck, wo wir uns links halten.

Niederhaverbeck ist mit seinen Höfen, den Steinmauern und Eichen, den Wiesengründen, alten Scheunen und Schafställen ein typisches Heidedorf, auch wenn die meisten Höfe nach der Jahrhundertwende zu Gasthäusern umgebaut wurden. Empfehlenswert ist ein Besuch im **Naturinformationshaus**.

Wir fahren bis zum *Haverbeckhof*, biegen rechts ab und radeln an der Haverbeeke entlang nach Westen. In diesem Gebiet tobte im April 1996 ein Flächenbrand, der 300 Hektar Heidefläche vernichtete. Am Waldrand halten wir uns links und folgen dem mitunter sandigen Weg in die Rechtskurve in das *Niederhaverbecker Holz*. An einer Wegkreuzung biegt halblinks der *Spitzbubenweg* ab, der sich durch den Wald schlängelt. Zweimal führt der Pfad über Kreuzungen – man wähle dann die entsprechende Fortsetzung. An einem Wanderparkplatz überqueren wir die *Bundesstraße 3* und fahren auf der Asphaltstraße in Richtung Schneverdingen durch ehemaliges Militärgelände. Auf der *Harburger Straße* radeln wir ins Zentrum von **Schneverdingen**, biegen am Verkehrsverein links in die *Verdener Straße* ein, dann wieder links in die *Bahnhofstraße* und erreichen den Bahnhof.

Radverleih
Bahnhof Handeloh, Tel. 04188/208; Schlegel, Wilseder Str. 23, 21274 Undeloh, Tel. 04189/294.

Übernachtungen unterwegs
Landhaus Haverbeckhof, Niederhaverbeck 2, 29646 Bispingen (Haverbeck), Tel. 05198/1251.

Einkehrmöglichkeiten
Witthöft's Gästehaus, 29646 Bispingen (Wilsede), Tel. 04175/545; Landhaus Haverbeckhof, Niederhaverbeck 2, 29646 Bispingen (Haverbeck), Tel. 05198/1251.

Öffnungszeiten
Naturkundliches Museum, Dorfstr. 42, 21256 Handeloh, Tel. 04188/7413, April – Okt. Sa, So feiertags 10 – 12, 13 – 17 Uhr; St. Magdalenen, Undeloh, »Musik in alten Heidekirchen« im Sommer alle 14 Tage So 17 Uhr (abwechselnd mit Egestorf); Föhrenhof des Kunstmalers Bernhard de Bruycker, Wilseder Straße, 21274 Undeloh, tägl.; Haus der Natur, Wilseder Str. 23, 21274 Undeloh, Mai – Sept. Di – So 10 – 12, 13 – 17 Uhr.

Auskunft
Verkehrsverein Undeloh, Zur Dorfeiche 27, 21274 Undeloh, Tel. 04189/333; Tourist-Information Schneverdingen, Schulstr. 6 a, 29640 Schneverdingen, Tel. 05193/93180-182; Bahnhof Schneverdingen, Tel. 05193/2394.

Landkarten
Radwanderkarte RC 2722 Hamburg-Harburg 1:75 000; Radwanderkarte RC 3122 Soltau 1:75 000.

11 Von Schneverdingen über Bispingen und Behringen nach Wilsede

Schneverdingen – Pietzmoor – Heber – Center Parcs – Bispingen – Behringen – Totengrund – Wilsede – Wilseder Berg – Niederhaverbeck – Schneverdingen

Ausgangsort
Schneverdingen, Anfahrt mit der Heidebahn; Bispingen (Center Parcs), Anfahrt mit dem Wagen.

Zielpunkt
Rundfahrt.

Gesamttourenlänge
42 km, ab Center Parcs 44 km.

Zeitbedarf
4 ½ Stunden Fahrtzeit.

Etappen
16 km bzw. 1,5 km (von Center Parcs) bis Bispingen, 9 km bis Totengrund, 1,5 km bis Wilsede, 4,5 km bis Niederhaverbeck, 11 km bis Schneverdingen, 16,5 km bis Center Parcs.

Steigungen
Bis zu 30 m.

Geländestruktur
Waldgebiete, typische Heidelandschaft.

Sehenswertes
Pietzmoor bei Schneverdingen, »Ole Kerk« in Bispingen, Totengrund, Wilsede, Wilseder Berg, Haus der Natur in Niederhaverbeck.

Wegmarkierungen
Wegweiserfür Radler.

Empfehlenswerter Radtyp
Tourenrad mit breiten Reifen.

Die folgende Rundtour, für die sich ebenfalls die Mitnahme eines Fernglases und der Badesachen empfiehlt, führt durch den Süden des Naturschutzgebiets Lüneburger Heide und hat zwei Startpunkte – Schneverdingen und das Ferienparadies Center Parcs südlich von Bispingen.
In **Schneverdingen** fahren wir vom Bahnhof in südlicher Richtung auf der *Heberer Straße* (Radweg) aus dem Ort. Kurz hinter einem Waldstück liegt rechts das **Pietzmoor**, das über mehrere Wege erreichbar ist. Mit 2,5 Quadratkilometern ist es eines der größten Moore der nördlichen Heide. Die Torfschicht ist sieben Meter stark, was auf ein Alter von 7000 Jahren schließen läßt. Von Holzbohlenstegen aus läßt sich das Moor gut einsehen: Zwischen den abgestorbenen Bäumen entstand auf Torfkuhlen schwimmender Torfmoosrasen. Man entdeckt mit Sonnentau, Wollgras und Moosbeere eine moortypische Flora.

Weiter auf der Straße nach Heber liegt links in einem Wäldchen **Hof Möhr** mit der **Alfred Toepfer Akademie für Naturschutz**, die Heide-Führungen anbietet.
In **Heber** führt die Radroute durch den Ort und kreuzt die Bundesstraße 3. Auf dem Radweg fährt man nach **Scharrl** und durchquert den **Scharrler Forst** in Richtung **Bispingen**. Auf dem Scharrler Weg fährt man auf die neugotische **St. Antoniuskirche** zu. In unmittelbarer Nachbarschaft steht die feldsteinerne **»Ole Kerk«** von 1353.
Wer von den **Center Parcs** kommt, fährt auf der *Töpinger Straße* (Radweg) in Richtung **Bispingen**, überquert die Luhe und hält auf die Kirche zu, wo sich beide Wege vereinen. Wir biegen hinter der *Kirche* rechts ab und fahren durch Bispingen hindurch (streckenweise ohne Radweg). Bei der Tourist-Information geht es links durch die *Bahnhofstraße*, dann auf

Das Pietzmoor bei Schneverdingen ist eines der größten Moore der nördlichen Lüneburger Heide.

der *Behringer Straße* nach *Behringen*. Kurz hinter der Autobahn weisen mehrere Schilder den Weg zum **Brunausee** rechts der Straße (mit Bademöglichkeit).
In **Behringen** fährt man bis zum Café zur Mühle und biegt rechts in die ***Mühlenstraße*** ein, kurz darauf links in den ***Sellhorner Weg***. Auf der Hügelkuppe überqueren wir die Straße und fahren geradeaus (***Wegzeichen: Weißkreuz***) auf einem breiten Weg in Richtung Forsthaus Sellhorn. Unterwegs fährt man durch eine herrliche Buchenallee. Nach etwa 1500 Metern zeigt ein Wegweiser die Route nach links zum **Totengrund** an (***Weißkreuz***). Auf sandigem Weg durch Buchenwald erreicht man geradeaus das bis zu 40 Meter tiefe Trockental. Der Totengrund ist vielleicht auf einen Toteisblock zurückzuführen, andere sagen, er sei durch Bodenerosion entstanden. Der Weg führt an einem hölzernen Bienenzaun vorbei den Hang hoch zu einer Art Aussichtsplattform.
Am Totengrund zeigt ein Wegweiser die Richtung zu dem ein Kilometer entfernten **Steingrund** an, einem weiten Talkessel; doch ist der Weg recht schmal, so daß man bei regem Besuch als Radfahrer wenig Freude haben wird; ein Abstecher zu Fuß wäre besser. Im Steingrund, der vermutlich von Gletschern ausgeschürft wur-

Typische Heidelandschaft mit dem im Spätsommer violett blühenden Heidekraut und den schlanken Wacholdersäulen.

de, liegen auffallend viele Findlinge. Zurück im Totengrund, radeln wir geradeaus nach **Wilsede**. Mächtige Eichen und Buchen säumen den Weg. Am **Museum »Dat ole Huus«** kommt man in den Ort hinein (zum Museum: siehe Tour 10). Wir radeln zwischen Museum und dem Restaurant Heidemuseum hindurch und biegen in die Pflasterstraße zum **Wilseder Berg** ein (unterwegs rechts halten). Der Weg führt leicht bergan durch einen kleinen Wald, dann ist die Kuppe des 169,2 Meter hohen Bergs erreicht. Ein Gedenkstein erinnert an den Mathematiker Gauss (1777–1855), der die Bergkuppe als Orientierungspunkt bei der »Hannoverschen Gradvermessung« 1821–1823 nutzte. Gauss peilte seinerzeit auch die Kirchtürme Hamburgs an. Die Rundumsicht ist atemberaubend.

Wir verlassen den Wilseder Berg nach Westen, steigen an der gefährlich steilen Abfahrt ab (***Unfallgefahr!***), halten uns links und schlagen geradeaus den Weg zum Haus Heidetal ein. Auf kurvenreichem Weg durch typische Heidelandschaft geht es bergab; kurz vor Haus Heidetal radelt man an einem Talgrund entlang.

Links taucht **Haus Heidetal** auf, dessen Entstehung charakteristisch für die Geschichte der Heide ist: Kurz nach 1900 zu Wohnzwecken gebaut, wurde das Anwesen zum Ärger der Heidebewohner als Pension eingerichtet. Heidetal ist heute Eigentum des Vereins Naturschutzpark.

Kurz danach biegt rechts der Weg nach **Niederhaverbeck** ab. Man überquert die *Haverbeeke* und erreicht das Dorf am **Hans-Pforte-Haus der Natur**. An der Landstraße wenden wir uns links und fahren hinter dem *Landhaus Haverbeckhof* rechts in Richtung Schneverdingen. Rückfahrt siehe Tour 10.

Radverleih
Fahrradverleih Margrit Schlußnus, Freudenthalstr. 3, 29640 Schneverdingen, Tel. 05193/2605; Goller-Müller, Behringer Str. 1, 29646 Bispingen, Tel. 05194/2082.

Übernachtungen unterwegs
Landhaus Haverbeckhof, Niederhaverbeck 2, 29646 Bispingen (Haverbeck), Tel. 05198/1251.

Einkehrmöglichkeiten
Restaurant Heidemuseum, 29646 Bispingen (Wilsede), Tel. 04175/217; Witthöft's Gästehaus, 29646 Bispingen (Wilsede), Tel. 04175/545; Haus Heidetal, 29646 Bispingen (Haverbeck), Tel. 05198/743.

Öffnungszeiten
Heidemuseum »Dat ole Huus«, 29646 Bispingen (Wilsede), Mai – Okt. tägl. 10 – 13, 14 – 17 Uhr, Tel. 04175/673; Naturinformationshaus (Hans-Pforte-Haus), Wilseder Str., 29646 Bispingen (Haverbeck), Tel. 05198/379, Mai bis Mitte Okt. Di – So 10 – 13, 14 – 17 Uhr.

Auskunft
Tourist-Information Schneverdingen, Schulstr. 6 a, 29640 Schneverdingen, Tel. 05193/93180-182; Verkehrsverein Bispingen, Borsteler Str. 4-6, 29646 Bispingen, Tel. 05194/887.

Landkarten
Radwanderkarte RC 3122 Soltau 1:75 000.

12 Von Schneverdingen nach Soltau

Schneverdingen – Pietzmoor – Hof Möhr – Heber – Wolterdingen – Soltau

Ausgangsort
Schneverdingen, Bahnhof.

Zielpunkt
Soltau, Bahnhof.

Gesamttourenlänge
20 km.

Zeitbedarf
2 Stunden Fahrtzeit.

Etappen
4 km bis Pietzmoor, 13,5 km bis Wolterdingen, 2,5 km bis Soltau.

Steigungen
Geringe Steigungen bis zu 10 m.

Geländestruktur
Sanftgewelltes Wald- und Weideland längs der Böhme.

Sehenswertes
Pietzmoor, Alfred Toepfer Akademie für Naturschutz (Hof Möhr).

Wegmarkierungen
Weißer Buchstabe »F« für einen Teil der Strecke.

Empfehlenswerter Radtyp
Tourenrad.

Eine Schülergruppe aus Berlin lernt radelnd die Lüneburger Heide kennen.

Nistkästen an der Fachwerkwand von Hof Möhr, wo die Alfred-Toepfer-Akademie für Naturschutz zu finden ist.

Der Luftkurort **Schneverdingen** ist die einzige Stadt, die mit dem Naturschutzgebiet Lüneburger Heide Berührung hat. In **Hof Möhr**, ganz in der Nähe der Ortschaft, findet man die **Alfred-Toepfer-Akademie für Naturschutz**, die sich u. a. mit naturkundlichen Führungen an interessierte Gäste wendet. Im Norden der Stadt steht das **Heimathaus »De Theeshof«**, eine alte Hofanlage mit **Museum**. Am letzten August-Wochenende findet in Schneverdingen das Heideblütenfest statt. Beginn der **Radtour** ist der Bahnhof in Schneverdingen. Wir fahren in südöstlicher Richtung auf der ***Heberer Straße*** (Radweg) aus dem Ort. Kurz hinter einem Waldstück liegt rechts das **Pietzmoor**, das man über mehrere Wege erreichen kann. Mit 2,5 Quadratkilometern ist es eines der größeren Moore der nördlichen Heide. Die Torfschicht ist sieben Meter stark, woraus sich bei einem Wachstum von einem Millimeter pro Jahr ein Alter von 7000 Jahren errechnen läßt. Von Bohlenstegen aus kann man das Moor gut sehen: Zwischen den abgestorbenen Bäumen entstand auf den Torfkuhlen schwimmender Torfmoosrasen, inzwischen hat sich mit Sonnentau, Wollgras und Moosbeere eine moortypische Flora angesiedelt.

Weiter auf der Straße nach *Heber* liegt links in einem Wäldchen **Hof Möhr** mit der **Alfred-Toepfer-Akademie für Naturschutz**. In **Heber** biegt der Radweg am Ortseingang rechts ab, gleich darauf geht es links in die ***Lindenstraße***. In südlicher Richtung verlassen wir auf einer Asphaltstraße den Ort. An der Querstraße radeln wir rechts an der Toreinfahrt vorbei auf einem Waldweg weiter, der zu einer Straße führt, in die wir links einbiegen. An der Landstraße (***hier verlassen wir für eine kurze Strecke die Wegkennzeichnung mit dem weißen »F«)*** fahren wir links über die *Böhme* nach **Hillern** und biegen an der Bundesstraße 3 rechts ab. Knapp zwei Kilometer radeln wir weiter auf dem Radweg links der Straße bis nach **Huckenrieth**, wo wir rechts in die Straße *In der Heide einbiegen* (Schild: Pension Luisenhof Schlumbohm). Nach etwa 500 Metern fahren wir links in die Straße *Hugenkamp* (***ab hier ist der Weg wieder mit dem weißen »F« gekennzeichnet***). Am *Friedhof* halten wir uns rechts und biegen kurz darauf links ab nach **Wolterdingen** (Straße *Auf dem Meeck*). In der Siedlung fahren wir rechts in den *Böhmeweg*, an dessen Ende geht es geradeaus in den Wald. Der Weg ist gut zu befahren, man muß aber stellenweise mit Wurzeln rechnen. Rechter Hand erstreckt sich die Niederung der ***Böhme***. Der Weg hat nicht gerade wenige Markierungen, die verläßlichste ist das ***weiße »F«***, das an allen Wegkreuzungen auftaucht.

Der Radweg kreuzt die ***Bundesstraße 3*** und führt auf dem rechten Erdweg weiter. Kurz darauf liegen linker Hand die Angelteiche des Sportanglervereins Soltau, die 1968 –1978 angelegt wurden. Dahinter wird der Weg schmaler, an einer Stelle

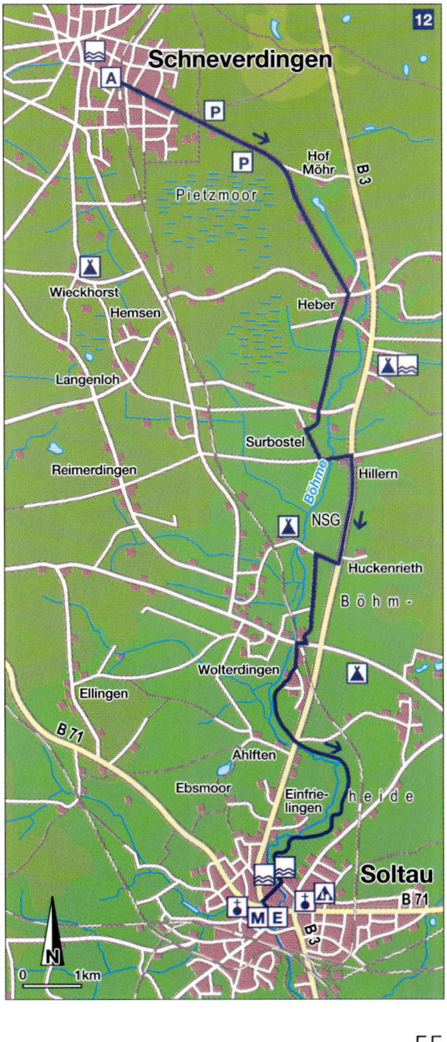

muß man, um einer sumpfigen Stelle auszuweichen, enge Kurven fahren. Hinter einer Schneise mit Strommasten geht es rechts weiter. Ein Querweg kreuzt die Route: Hier kann man rechts zur ***Böhme*** radeln und das Flüßchen von der ***Brücke*** aus in Augenschein nehmen.
Wir radeln geradeaus weiter und erreichen einen Prallhang der Böhme, die dort die **Schlageter-Insel** bildet. Eine Schutzhütte lädt hier – ganz kurz vor Soltau – zu einer Rast ein. Geradeaus geht es durch den Wald, der langsam in den **Röders Park** übergeht. Auf dem *Willi-Röders-Weg* radelt man an einem See vorbei, der rechts durch die Bäume zu erkennen ist. Kurz darauf, bei einem niedrigen Haus unter Bäumen, sollte man links den breiten Weg auf die Anhöhe fahren und nach rechts dem *grünen Pfeil zur Soltau-Therme* folgen, dem modernen Bad mit riesiger Rutschbahn. Links der Parkplatz, rechts die **Soltau-Therme** – so radelt man am besten bergab und über den *Mühlenweg* nach Soltau hinein.
Die **Mühle** – noch immer dreht sich das große Wasserrad – dient heute als Bibliothek. Geradeaus geht es durch die *Rosenstraße*, eine Einbahnstraße, in der man links auf dem Radweg fahren darf. Beim Hotel Meyn kommt man links durch die *Poststraße* zum **Rathaus**, einem klassizistischen Fachwerkbau von 1825. Gegenüber findet man das Fachwerkhaus der Superintendentur von 1830, in der das **Museum Soltau** untergebracht ist. Nicht weit davon stößt man auf das private **Norddeutsche Spielzeugmuseum** mit bedeutenden Beständen. Vom Hotel Meyn kommt man durch die ***Kirchenstraße*** zur ***St. Johanneskirche***, von dort erreicht man durch die ***Bahnhofstraße*** den Bahnhof.

Radverleih
Fahrradverleih Margrit Schlußnus, Freudenthalstr. 3, 29640 Schneverdigen, Tel. 05193/2605.

Übernachtungen unterwegs
Hotel Meyn, Poststr. 19, 29602 Soltau, Tel. 05191/2001.

Einkehrmöglichkeiten
Schäferhof, Heberer Str. 100, 29640 Schneverdingen, Tel. 05193/3547; Café Reisewitz, Rosenstr. 22, 29602 Soltau, Tel. 05191/13584, Montag Ruhetag, außer feiertags.

Öffnungszeiten
Heimathaus »De Theeshof«, Langelohsberg/Hansahlener Dorfstr., 29640 Schneverdingen, Mai – Okt. Di – Sa 15 – 18 Uhr, So 10 – 12, 15 – 18 Uhr, Tel. 05193/2199; Museum Soltau, Poststr. 7, 29614 Soltau, Di – So 10 – 17 Uhr, Tel. 05191/4717; Norddeutsches Spielzeugmuseum, Poststr. 11, 29614 Soltau, Ostern – Okt. Di – So 14 – 17, im Sommer auch 10 – 12 Uhr, Nov.-Ostern Sa und So 14 – 17 Uhr, Tel. 05191/82182 und 2620; Soltau-Therme, Mühlenweg 17, 29614 Soltau, Tel. 05191/84490, tägl.

Auskunft
Tourist-Information Schneverdingen, Schulstr. 6 a, 29640 Schneverdingen, Tel. 05193/93180-182; Verkehrsverein Soltau, Bornemannstr. 7, 29614 Soltau, Tel. 05191/84440; Alfred Toepfer Akademie für Naturschutz, Hof Möhr, 29640 Schneverdingen (Heber), Tel. 05199/9890; Bahnhof Schneverdingen, Tel. 05193/2394.

Landkarten
Radwanderkarte RC 3122 Soltau 1:75 000.

13 Zum Heidepark Soltau

Heidepark Soltau – Harber – Brock – Soltau

Ausgangsort
Soltau, Anfahrt per Bahn.

Zielpunkt
Rundfahrt.

Gesamttourenlänge
33 km.

Zeitbedarf
3 Stunden Fahrtzeit.

Etappen
8 km bis Heidepark Soltau, 7 km bis Harber, 12 km bis Brock, 6 km bis Soltau.

Steigungen
Geringe Steigungen.

Geländestruktur
Niederung längs der Böhme, sanftgewellte Wald- und Weidelandschaft.

Sehenswertes
Heidepark Soltau, Dorf Brock, Böhme.

Wegmarkierungen
Weißes »F« auf der ersten Strecke bis Wolterdingen.

Empfehlenswerter Radtyp
Tourenrad.

Wer es sich einfach machen will, radelt vom *Rathaus* in **Soltau** auf der Straße *Unter den Linden* und der *Harburger Straße* (*Bundesstraße 3, mit Radweg*) nach Norden. Diese Route verläuft über eine starke Erhebung gleich hinter der Stadt und führt an der Kreuzung der Bundesstraße 3 hinter der Bahnüberquerung (von links kommt die Straße von Wolterdingen, siehe rechte Spalte) rechts zum **Heidepark Soltau** (*Straße nach Harber, mit Radweg*).
Die schönere Anfahrt von Soltau ist die an der *Böhme* entlang nach Norden: Start der **Radtour** ist die **Soltau-Therme**, das Erlebnisbad an der Böhme. Auf dem *Willi-Röders-Weg* fahren wir nach Norden. Der Weg ist durch ein *weißes »F«* gut gekennzeichnet. Unterwegs trifft man auf einige Rasthütten; bei der **Schlageter-Insel** an einem steilen Prallhang an der Böhme ist es besonders schön. Auch einige Brücken linker Hand über den idyllischen Fluß laden zu kleinen Abstechern ein. Hinter den Fischteichen eines Anglervereins kreuzt die Route die *Bundesstraße 3* und führt gegenüber durch den Wald nach **Wolterdingen**. Dort fahren wir geradeaus durch die Wohnsiedlung bis zur *Soltauer Straße*, auf deren Radweg wir nach rechts fahren und an der Ampelanlage die Bundesstraße 3 überqueren. Hier vereinigen sich beide Anfahrtswege (siehe linke Spalte). Auf dem Radweg erreichen wir den **Heidepark Soltau**.
Der **Heidepark Soltau** ist nicht nur etwas für Kinder – auf dem riesigen Gelände findet jeder etwas für sich. Geboten wird so ziemlich alles, was die Herzen höher schlagen läßt: Wildwasserfahrt, Loopingbahn (»viermal kopfüber«), Delphinshow, ein Holland-Dorf, Riesen-Schiffschaukel und vieles mehr.
Vom Heidepark fahren wir weiter nach Osten auf dem Radweg. An der nächsten großen Kreuzung radeln wir links ab in *Richtung Winsen/Luhe (Radweg)*. Beim Ortsbeginn von **Heidenhof** fahren wir rechts ab nach *Dittmern*. Man radelt geradeaus durch den Ort und folgt links dem Schild zum Campingplatz. Nach knapp 500 Metern biegen wir scharf rechts ab und fahren auf dem *Dittmer-*

Der Heidepark Soltau bietet von Ostern bis Oktober eine bunte Wunderwelt der Unterhaltung für jung und alt.

ner Mühlenweg immer geradeaus in Richtung **Harber**. Die gut zwei Kilometer lange Strecke durch Wald und Weideland ist zwischendurch etwas sandig, auf dem Randstreifen radelt es sich etwas leichter. In **Dittmern** wenden wir uns rechts (Radweg) und passieren geradeaus die Ampel. Kurz dahinter lädt der Landgasthof Aalkrug Forellenhof zur Rast ein. Hinter dem Gasthof biegt links der *Abelbecker Weg* nach **Tiegen** ein. Im Ort halten wir uns links, verlassen die Siedlung, unterqueren die Bahnunterführung und fahren auf der ruhigen Asphaltstraße durch den Wald über die Autobahn nach **Abelbeck**. Dort fahren wir auf den Gutshof zu, davor biegt die Straße rechts ab. 500 Meter muß man eine holprige Strecke längs der Autobahn in Kauf nehmen, dann erreicht man eine gute, wenig befahrene Straße, die geradeaus nach **Lührsbockel** führt. Wir überqueren das Bahngleis und fahren rechts nach Lührsbockel. Im Dorf halten wir uns links, überqueren die Bundes-

straße 3 und fahren weiter auf der schmalen Asphaltstraße. Wir überqueren eine weitere Straße, fahren 50 Meter auf dem Asphaltweg geradeaus und biegen an der zweiten Holzschranke mit einem grün bemalten Schild rechts ab ***(Radfahrer dürfen den mit Weißkreuz markierten »Privatweg« benutzen)***.
Wir folgen dem Verlauf dieses Feldweges, an der Gabelung (gelber Mast) rechts halten. An einer weiteren Gabelung zeigt die ***Markierung »Weißkreuz«*** den Weg nach links an, vorbei an einem riesigen Feld. Hinter einer Schranke erreicht man eine Waldschneise, wo wir rechts in Richtung Autobahn fahren. Der Weg schwenkt nach links zur ***Brücke***, dahinter fahren wir links, nach etwa 1000 Metern rechts weiter nach **Brock**, einem ausgesprochen schön gelegenen Dorf.
Im Ort halten wir uns geradeaus und folgen dem Verlauf der Straße. Nach mehreren Schleifen kommen wir an einer Waldstraße an, die rechts fast schnurgerade nach **Tetendorf** führt. An den Findlingen angekommen, führt der Weg mehrere hundert Meter nach rechts und biegt links zum **Dreweshof** ab. Dort beginnt (rechts halten) ein schöner ***Rad-Wanderweg (Wegmarkierung: Weißkreuz)*** längs der Böhme durch eine parkähnliche Landschaft. Unterwegs immer an der ***Böhme*** bleiben. Man unterfährt die Bahnbrücke in Soltau nach rechts und radelt auf der ***Charlottenstraße*** bis zur Straße ***Böhmheide***, nach links kommt man in die Ortsmitte. Von dort erreicht man den Bahnhof nach links auf der ***Walsroder Straße***.

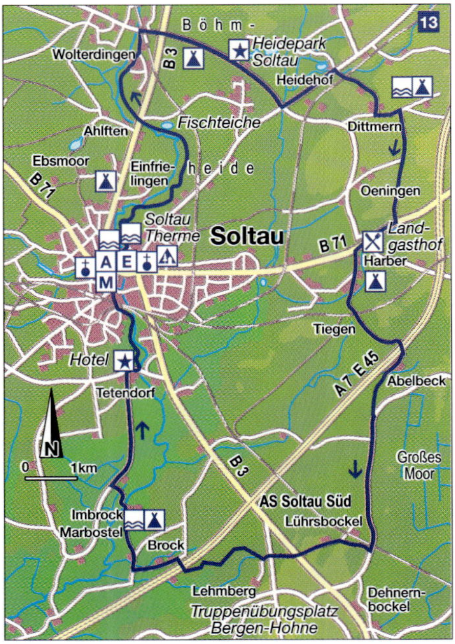

Radverleih
Christoffer, Alter Badeweg 2, 29614 Soltau, Tel. 05191/16357.

Übernachtungen unterwegs
Hotel Meyn, Poststr. 19, 29602 Soltau, Tel. 05191/2001.

Einkehrmöglichkeiten
Heidepark Soltau (vier Restaurants); Landgasthof Aalkrug Forellenhof, An der Bundesstraße, Haus Nr. 4, 29614 Soltau (Harber), Tel. 05191/6060.

Öffnungszeiten
Museum Soltau, Poststr. 7, 29614 Soltau, Di – So 10 – 17 Uhr, Tel. 05191/4717; Norddeutsches Spielzeugmuseum, Poststr. 11, 29614 Soltau, Ostern – Okt. Di – So 14 – 17, im Sommer auch 10 – 12 Uhr, Nov. – Ostern Sa und So 14 – 17 Uhr, Tel. 05191/82182 und 2620; Heidepark Soltau, 29614 Soltau, Tel. 05191/9191, täglich von Ostern bis Oktober 9 – 18 Uhr, Einlaß bis 16 Uhr.

Auskunft
Verkehrsverein Soltau, Bornemannstr. 7, 29614 Soltau, Tel. 05191/84440.

Landkarten
Radwanderkarte RC 3122 Soltau 1:75 000.

14 Von Soltau über Wietzendorf nach Müden

Soltau – Tetendorf – Brock – Wietzendorf – Poitzen – Müden/Örtze

Ausgangsort
Soltau, Anfahrt mit der Bahn.

Zielpunkt
Müden, Rückkehr auf demselben Weg.

Gesamttourenlänge
23,5 km bis Reiningen, 32 km bis Müden.

Zeitbedarf
2 ½ Stunden bis Reiningen, 3 Stunden bis Müden.

Etappen
17,5 km bis Wietzendorf, 6 km bis Reiningen, 6 km bis Poitzen, 2,5 km bis Müden.

Steigungen
Einige Steigungen bis zu 20 m.

Geländestruktur
Leicht hügeliges Wald- und Weideland.

Sehenswertes
Böhme, Wietze-Niederung, Peetshof in Wietzendorf, Dorf Müden.

Wegmarkierungen
Wegweiser.

Empfehlenswerter Radtyp
Tourenrad.

Das Rathaus in Soltau ist Ausgangspunkt der Radtour nach Müden an der Ärtze.

Zwei sportliche Tandemfahrer radeln durch das idyllische Dorf Brock in Richtung Lührsbockel.

Die folgende Radtour entspricht einer Tagestour, denn zurück nach Soltau gelangt man nur auf demselben Weg. Von Abstechern auf eigene Faust sollte man **zwischen Reiningen und Poitzen** absehen, denn der Wald links und rechts der Route gehört zum **Truppenübungsplatz Munster-Süd** und darf nicht betreten werden. Die sehr breite Straße ist frei für den zivilen Durchgangsverkehr, wird gelegentlich aber von Militärkolonnen befahren. In diesem Fall bleibt nichts anderes übrig als abzusteigen und die Kolonne passieren zu lassen. Die Strecke Soltau-Reiningen ist von Manövern nicht betroffen (*siehe »Auskunft«*).

Start der **Radtour** ist das **Museum** oder das gegenüber liegende Rathaus in **Soltau**. Wir fahren in die Straße *Am alten Stadtgraben*, biegen links in die *Böhmheide* ein, dann rechts in die *Charlottenstraße*. Hinter der Bahnunterführung führt links ein Waldweg längs der *Böhme* nach Süden *(Wegmarkierung: Weißkreuz)*.
Am Dreweshof erreichen wir **Tetendorf**, wo wir links das Hofgelände umfahren und an der Hauptstraße rechts einbiegen. Nach wenigen hundert Metern, bei einigen großen *Findlingen*, führt die Route links in den Wald. Auf einer guten Asphaltstraße fahren wir etwa 2,5 Kilome-

ter, bis links ein gelbes Schild nach ***Brock*** weist. Wir folgen dem Verlauf der schmalen Straße, die in einigen Windungen durch das idyllische Dorf führt. Wir fahren über die ***Böhme*** und erreichen **Imbrock**. An einer Kreuzung – rechts liegt Öhlshof – geht es geradeaus weiter nach **Brock**. Beim Ortsschild Brock wenden wir uns links, kurz darauf fahren wir rechts über die Autobahn. Hinter der ***Brücke*** geht es links (!) weiter. Wir folgen dem Verlauf des sandigen Weges am Waldrand entlang in eine Schneise nach rechts. Dort spalten sich die Wege: Wir wählen den Waldweg halblinks hinter einer Holzschranke mit grün bemaltem Schild ***(Wegmarkierung: Weißkreuz)***. Dem Verlauf des Weges folgend, erreicht man eine weitere Holzschranke, ebenfalls mit grünem Schild. Dort fahren wir 50 Meter links. überqueren die Straße und fahren zur Bundesstraße 3, die wir ebenfalls vorsichtig überqueren. Auf einer Asphaltstraße radeln wir nach **Lührsbockel**, wo wir uns zunächst geradeaus halten und an der Bushaltestelle rechts abbiegen. Es geht durch eine schöne ***Birkenallee***, rechts erstreckt sich eine Heidefläche. Wir halten uns geradeaus. An der breiten Truppenstraße mit ***Betonplatz*** angekommen, fahren wir rechts, nach etwa 500 Metern ***(rotweiße Richtungspfeile)*** links nach **Dehnernbockel**. Im Ort biegen wir links ab ***(Sperrschild: 5 Tonnen)***, kurz darauf nochmals links. Auf einem Erdweg fahren wir geradeaus zur Landstraße, wo es links weitergeht (ohne Radweg). Beim ***Kilometerstein 1,9 (noch vor der Brücke)*** fahren wir rechts in den Wald und erreichen auf recht gut befahrbarem Waldweg – einige Bänke laden zur Rast ein – **Wietzendorf**.

Unterwegs kreuzt der Weg ein Bahngleis, an einem Strommast fahren wir links. An

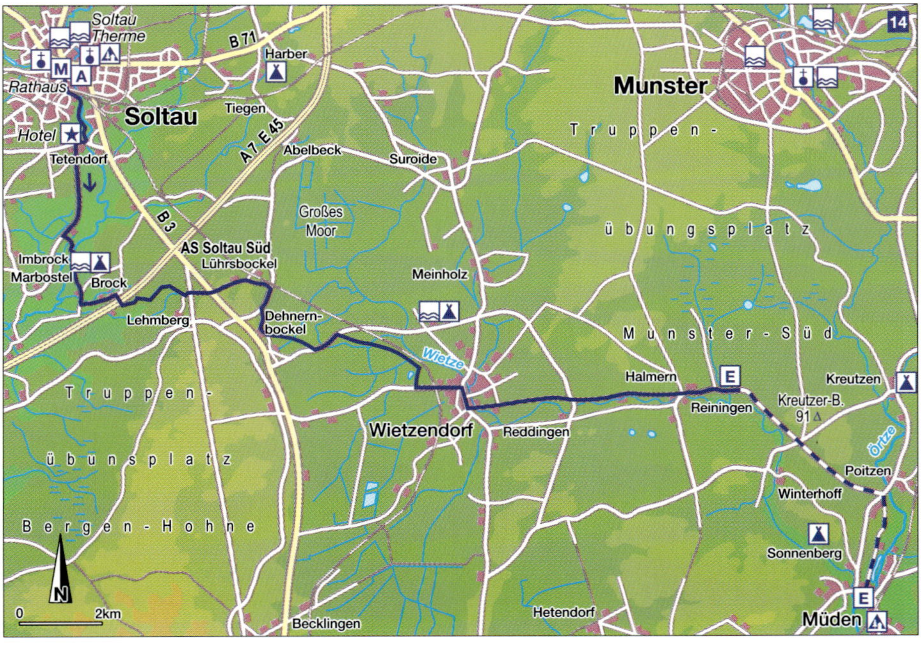

einer Holzbank, bereits in Sichtweite von Wietzendorf, fahren wir rechts auf der Straße ***Hellgarten*** weiter. Die Route führt links in die ***Bahnhofstraße*** bis zum Rathaus, dann biegen wir rechts ab zur **Kirche** ***(Richtung Bergen)***. Hinter dem Hotel Hartmann führt die Route von der Hauptstraße links in den ***Reininger Kirchweg***. Die schmale, sehr ruhige Asphaltstraße mit Radweg verläuft geradeaus längs der Wietze nach **Reininge**n. Unterwegs kommt der Bach der Straße rechts nahe. In Reiningen fahren wir zur Hauptstraße, in die wir halblinks einbiegen. Wer dagegen einkehren will, erreicht rechts den Gasthof ***Zum Wietzetal***.

Auf der Landstraße radeln wir geradeaus und überqueren die ***Wietze***. An der T-Kreuzung fahren wir rechts (!) in Richtung Poitzen, überqueren einen namenlosen Bachlauf und stehen am Beginn der knapp fünf Kilometer langen Fahrt durch den **Truppenübungsplatz Munster-Süd**. Es ist untersagt, unterwegs die Straße zu verlassen, Militärkonvois und Panzern ist auszuweichen.

Vor **Poitzen** fahren wir über die Örtze, an der Kreuzung im Ort überqueren wir die Straße und fahren gegenüber, vorbei am Ortsplan, nach Müden. Links der schmalen Straße erstreckt sich der **Heidesee**.

Müden im nordwestlichen Zipfel des Naturparks Südheide gilt zurecht als einer der schönsten Orte der Heide. Hier mündet die ***Wietze*** in die ***Örtze***, die in gemächlichen Schleifen ihren Weg nach Süden sucht. Müden hat sein harmonisches Dorfbild bis heute bewahren können: Der Besucher findet alte Bauernhäuser und Treppenspeicher vor, alle von hohen Eichen umstanden. Mittelpunkt ist die **Laurentiuskirche** aus dem 14. Jahrhundert mit einem freistehenden hölzernen Glockenturm, einer Bronzetaufe von 1473 und vorreformatorischer Deckenmalerei.

Auf dem nahen **Wietzer Berg** (102 Meter; zu erreichen über die Straße in Richtung Hermannsburg) erinnert ein wuchtiger **Gedenkstein** an Hermann Löns, der oft und gern in Müden weilte.

Radverleih
Christoffer, Alter Badeweg 2, 29614 Soltau, Tel. 05191/16357; Otte, Bahnhofstr. 2, 29647 Wietzendorf, Tel. 05196/325.

Übernachtungen unterwegs
Hotel-Restaurant Hartmann, Hauptstr. 27, 29647 Wietzendorf, Tel. 05196/9600.

Einkehrmöglichkeiten
Gasthof Zum Wietzetal, Reiningen 5, 29647 Wietzendorf (Reiningen), Tel. 05196/395; Niemeyers Posthotel, Hauptstr. 7, 29328 Müden/Örtze, Tel. 05053/98900.

Öffnungszeiten
Heimatstube Peetshof, Über der Brücke, 29649 Wietzendorf, Tel. 05196/2102, Juni – Sept. Di, Do, Sa und So 15 – 17 Uhr; Kirche in Müden.

Auskunft
Verkehrsverein Wietzendorf, 29649 Wietzendorf, Tel. 05196/2190; Verkehrsbüro Müden/Örtze, Hauptstr. 6, 29328 Faßberg II, Tel. 05053/329; über Manöver: die örtliche Presse (Rubrik: »Amtliche Bekanntmachungen«), Truppenübungsplatz Munster-Süd (Tel. 05192/12-2353), Gemeindeverwaltung Müden-Faßberg (Tel. 05055/5970).

Landkarten
Radwanderkarte RC 3122 Soltau 1:75 000; Radwanderkarte RC 3126 Uelzen 1:75 000.

15

15 Von Fallingbostel über Dorfmark nach Soltau

Fallingbostel – Dorfmark – Soltau

Ausgangsort
Fallingbostel, Anfahrt mit der Bahn.

Zielpunkt
Soltau, Rückfahrt mit der Bahn.

Gesamttourenlänge
22 km.

Zeitbedarf
2 Stunden Fahrtzeit.

Etappen
8 km bis Dorfmark, 14 km bis Soltau.

Steigungen
Zwei langgezogene, geringe Steigungen.

Geländestruktur
Wald- und Weideland längs der Böhme.

Sehenswertes
Hof der Heidmark in Fallingbostel, Niederung der Böhme, Bürgerpark und Kirche in Dorfmark.

Wegmarkierungen
Wegweiser, verschiedene Markierungen.

Empfehlenswerter Radtyp
Tourenrad.

Die folgende Radtour hat nur zwei Steigungen und verläuft auf großen Strecken durch Wald, sie ist also auch an heißen Sommertagen gut geeignet als Halbtagestour.
Das Kneippbad **Fallingbostel** ist zwar durch die Autobahn und den NATO-Truppenübungsplatz gut eines Drittels seines »Hinterlandes« beraubt, doch das, was man an Landschaft zu sehen bekommt, ist ausgesprochen schön. Die Stadt lädt zu einem Spaziergang an der **Böhme** ein, die selbst im Zentrum unbegradigt ihre Schleifen ziehen darf und über eine schöne Kaskade fließt. Auf einem Hügel nahe der Böhme wurde Ende der dreißiger Jahre der Hof der Heidmark wieder errichtet, der – wie so viele Heidedörfer – dem Truppenübungsplatz östlich von Fallingbostel weichen mußte. Dieser sogenannte **»Bookholtshof«** (Buchenholzhof), ein reetgedecktes niederdeutsches Hallenhaus samt Backhaus und Speicher, Brunnen und Bauerngarten, dient heute als Begegnungsstätte und Gedenkstätte für die Dörfer, die dem Truppenübungsplatz weichen mußten.
Die **Radtour** beginnt an der **St. Dionysius-Kirche** in der Ortsmitte von Fallingbostel. Wir fahren auf dem Radweg der ***Soltauer Straße*** nach Norden. Noch vor der Kuppe – links liegt ein China-Restaurant – führt rechts ein schmaler Asphaltweg durch ein Wäldchen zum Hof der Heidmark. Fünf landwirtschaftliche Bauten findet man vor, auch ein Brunnen wurde liebevoll angelegt.
Zurück von dem kurzen Abstecher, fahren wir hügelan und biegen links in die ***Adolphsheider Straße*** ein ***(Schild: Heidmarkhalle)***, fahren links in die Straße ***Am Gemeindebrunnen***, dann in die zweite rechts, die »Blumenlage«. Auf dieser ruhigen Wohnstraße radeln wir geradeaus nach Norden, aus dem Ort hinaus. An der ersten Straßenkreuzung wenden wir uns rechts und fahren geradeaus längs einer Reihe schöner Birken. Die sanftgewellte Landschaft ist durch ihre Gehölzstreifen, Weideflächen und kleinen

Eine radelnde Familie erkundet die sanfthügelige Landschaft rings um Dorfmark.

Waldstücke ausgesprochen lieblich. An einer großen Kreuzung mit Wegpilz fahren wir links auf dem Asphaltweg weiter, längs dem Waldrand. Die Straße beschreibt eine Rechtskurve und führt über eine freie Kuppe mit ausgedehnten Feldern geradewegs nach Dorfmark. Schon von weitem sind zwei Masten beim Ort zu sehen. Unterwegs hat man einen schönen Ausblick nach Osten über den hügeligen und sehr waldreichen **Truppenübungsplatz Bergen-Hohne**. Dann geht es bergab nach **Dorfmark**, das wir auf dem ***Meyerhopsweg*** erreichen. Wir fahren links auf der ***Westendorfer Straße*** an einem Parkgelände vorbei, hinter dem sich die ***Böhme*** verbirgt, und biegen rechts in die ***Hauptstraße*** ein, die in einer Rechtskurve zur ***Kirche*** führt.

Dorfmark liegt sehr schön an der Böhme,

Von der Kirche in Dorfmark bietet sich ein Spaziergang in den nahen Bürgerpark an der Böhme an.

die sich in vielen Windungen durch den Ort schlängelt und zwei Teiche speist. Die **Kirche** mit dem gelbgestrichenen Holzturm wurde 1708 als Saalbau errichtet. Größte Sehenswürdigkeit ist das Taufbecken aus Messing von 1465. Von hier aus empfiehlt sich ein Spaziergang in den **Bürgerpark** an der Böhme mit dem Pastorenteich. An der Hauptstraße bei der Kirche liegen zwei Gasthöfe, die zur Einkehr einladen.

Wir radeln ein Stück zurück und biegen beim ehemaligen Rathaus rechts in die ***Marktstraße*** ein, dann gleich links in die Straße ***Großer Hof***, fahren links in die Straße ***Rennbahn*** und radeln am ***Friedhof*** vorbei. Geradeaus in Richtung Mengenbostel verlassen wir Dorfmark auf einer schmalen Asphaltstraße.

Wir radeln an den Gehöften von **Mengenbostel** vorbei, biegen an der Wegkreuzung rechts in einen etwas holprigen Weg und überqueren das Bahngleis.

Gleich dahinter fahren wir links, nach etwa 300 Metern rechts auf einen Erdweg. Rechter Hand erstrecken sich Weiden, einige abwechslungsreiche Gehölzstreifen, z. T. mit Zwergkiefern, links des Wegs stehen gruppenweise Birken. Ein Teil der Strecke ist sandig, aber man kommt auf dem Seitenstreifen recht gut vorwärts. In Sichtweite der Autobahn biegen wir an einer Kreuzung mit weißem Wegpilz links ab und radeln auf holprigem Weg leicht bergab, linker Hand die schöne Böhme. An einer Kreuzung geht es geradeaus weiter nach **Fuhrhop**. Wir radeln über einen kleinen Bach, an einem Gehöft vorbei, hinter dem wir scharf links abbiegen. Die Asphaltstraße mit kurzer Pflasterstrecke führt über die Böhme. Hinter **Neuhaus**, einem einsamen Gehöft rechts der Straße, kommt man an einer auffallend stattlichen **Solitär-Eiche** mit breiter Krone vorbei. Es geht immer geradeaus weiter. An einer T-Kreuzung biegen wir rechts (!) ab nach **Marbostel**, das nur aus wenigen Häusern besteht. Die Straße führt an einer technischen Anlage vorbei auf fast schnurgerader Straße durch den Wald nach **Tetendorf**. Bei den *Findlingen* angekommen, fahren wir mehrere hundert Meter nach rechts, um links zum **Dreweshof** abzubiegen. Dort beginnt (***rechts halten)*** ein ***Rad-Wanderweg (Wegmarkierung: Weißkreuz)***, der längs der Böhme durch eine parkähnliche Landschaft nach Soltau führt. Unterwegs bleiben wir stets nah der Böhme.

Man unterfährt die Bahnbrücke in **Soltau** nach rechts und radelt auf der ***Charlottenstraße*** bis zur Straße ***Böhmheide,*** nach links kommt man in die Ortsmitte. Den Bahnhof erreicht man nach links durch die ***Walsroder Straße***, zu den Museen am Rathaus kommt man rechts durch den Stadtgraben.

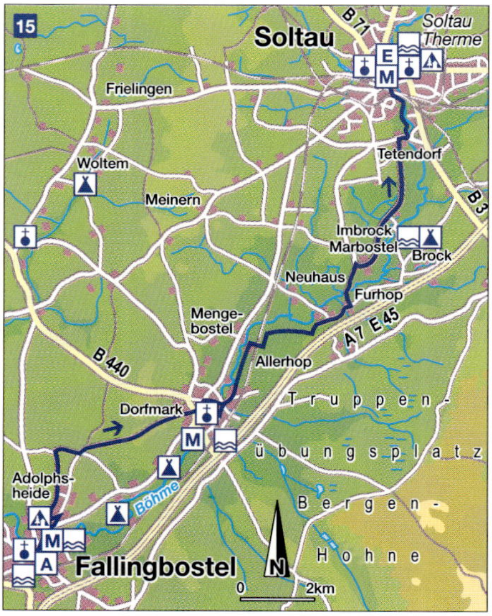

Radverleih
Finke und Meckert, Walsroder Str. 3, 29683 Fallingbostel, Tel. 05162/989925.

Übernachtungen unterwegs
Hotel Deutsches Haus, Hauptstr. 26, 29683 Dorfmark, Tel. 05163/1232; Hotel Meyn, Poststr. 19, 29614 Soltau, Tel. 05191/2001.

Einkehrmöglichkeiten
Zum Alten Fritz, Hauptstr. 23, 29683 Dorfmark, Tel. 05163/1568, Dienstag Ruhetag; Hotel Meyn, Poststr. 19, 29614 Soltau, Tel. 05191/2001.

Öffnungszeiten
Hof der Heidmark, Soltauer Str., 29683 Fallingbostel, Di, Mi, Fr und Sa 15 – 17.30 Uhr, So 10.30 – 12 Uhr, 15 – 17 Uhr.

Auskunft
Verkehrsverein Dorfmark, Marktstr. 1, 29683 Dorfmark, Tel. 05163/1339; Verkehrsverein Soltau, Bornemannstr. 7, 29614 Soltau, Tel. 05191/84440; Bahnhof Soltau, Tel. 05191/5061.

Landkarten
Radwanderkarte RC 3122 Soltau 1:75 000.

16 Von Fallingbostel nach Walsrode

Fallingbostel – Bomlitz – Vogelpark Walsrode – Walsrode

Ausgangsort
Fallingbostel, Anfahrt per Bahn.

Zielpunkt
Walsrode, Rückfahrt per Bahn.

Gesamttourenlänge
18 km.

Zeitbedarf
2 Stunden Fahrtzeit.

Etappen
7,5 km bis Bomlitz, 8 km bis Vogelpark Walsrode, 2,5 km bis Walsrode.

Steigungen
Geringe Steigungen, aber zwei starke Gefällstrecken (30 m).

Geländestruktur
Sanfthügelige Wald- und Weidelandschaft längs der Böhme.

Sehenswertes
Hof der Heidmark, Borge, Vogelpark Walsrode.

Wegmarkierungen
Einige Wegweiser.

Empfehlenswerter Radtyp
Tourenrad mit guten Bremsen.

Für einen sonnigen Nachmittag ist diese Halbtagestour genau das Richtige. Da Fallingbostel und Walsrode an die Bahnlinie angeschlossen sind, ist die Rückkehr mit dem Zug leicht geregelt.
Fallingbostel, seit 1953 staatlich anerkanntes Kneippbad, hat mit Walsrode und Soltau zweierlei gemein: Alle drei gehören zu den meistbesuchten Städten der Lüneburger Heide, und sie liegen an der ***Böhme***. Dieser kleine Fluß taucht überall in der Landschaft auf, oft völlig unerwartet. Auf manchen Touren überquert man vier- oder fünfmal das Gewässer, dessen zahlreiche Schleifen erfreulicherweise nur an wenigen Stellen begradigt wurden. Auch nicht in Fallingbostel, wo in einem der zahlreichen Flußbögen der Hof der Heidmark wieder errichtet wurde.
Start der **Radtour** ist die **St.-Dionysius-Kirche** im Zentrum von Fallingbostel. Wir radeln auf der ***Soltauer Straße*** nach Norden, rechts der Straße liegt der **Hof der Heidmark**. Nach der großen Rechtskurve biegen wir links in die ***Adolphsheider Straße*** ein ***(Schild: Heidmarkhalle)***, fahren links in die Straße ***Am Gemeindebrunnen***, dann in die zweite rechts mit dem schönen Namen ***Blumenlage***. Auf dieser ruhigen Wohnstraße radeln wir etwa 900 Meter geradeaus nach Norden. An einer Straßenkreuzung wenden wir uns links und fahren auf der Asphaltstraße durch den dichten ***Tannenwald***. Wir überqueren die stark befahrene Landstraße und fahren gegenüber auf dem Radweg längs der Landstraße nach Bomlitz.
Bomlitz wird ganz von der Fabrik Wolff Walsrode bestimmt, die fast im Zentrum steht. Auf der ***Fallingbosteler Straße*** radeln wir in den Ort; an der großen Kreuzung fahren wir rechts in die ***August-Wolff-Straße*** auf die Fabrik zu. Nach 120 Metern wenden wir uns links, nach 100 Metern wiederum rechts. Hinter dem Imbiß Futterkrippe geht es links hoch in die ***Horststraße***. Rechts biegen wir in den ***Friedhofsweg*** ein, dessen Verlängerung, die Straße ***Am Hoop***, in mehreren Kurven zur Schule führt. Vor der Schule beginnt rechts ein für Kraftfahrzeuge gesperrter

Die australischen Brillen-Pelikane sind eine der großen Attraktionen im Vogelpark Walsrode.

Weg steil bergab, den man wegen der Barrieren besser nicht schnell befahren sollte. Wir überqueren die Bomlitz und fahren geradeaus auf der *Cordinger Straße (Radweg)* durch **Benefeld**. Die Straße führt am Ortsende steil bergab nach **Cordingen**, links sieht man am Mühlenteich die **Cordinger Wassermühle** durch die Bäume. Wir überqueren die *Warnau* und biegen kurz vor der Bahnlinie links in die *Borger Straße* ein. Linker Hand bietet sich ein schöner Ausblick auf die *Warnau* mit einigen alten Fachwerkhäusern rings um die Cordinger Mühle. Geradeaus radeln wir durch das langgezogene Straßendorf nach **Borg**, unterwegs sieht man schöne Gehöfte unter Eichen. An der Vorfahrtsstraße fahren wir rechts auf dem Radweg weiter, überqueren die *Bahnlinie* und biegen hinter dem *Ferienhof* links ab. Auf holprigem Waldweg fahren wir an einem Parkplatz vorbei, hinter dem wir rechts abbiegen und zur Landstraße radeln. Vor dieser Straße biegt links ein Radweg ab zum Vogelpark Walsrode.

16 Von Fallingbostel nach Walsrode

Der **Vogelpark Walsrode** – zu erreichen über die große Holzbrücke, die die Straße überspannt – ist eine der meistbesuchten Stätten der Lüneburger Heide. Immerhin handelt es sich um den weltweit größten Vogelpark: Auf einer Fläche von 24 Hektar sind viele Klimazonen und Landschaftstypen nachgebildet – mit Wasserfällen und Meeresbrandung, mit Seen und Flüssen. Etwa 5000 Vögel (900 verschiedene Arten) leben hier, darunter 500 Papageien in 220 Arten. Viele der Vögel kann man in einer 12 Meter hohen Freiflughalle erleben. Ferner gibt es ein Refugium für Kraniche, ein Vogelbauer-Museum und ein Papageienhaus.

Nach einem Besuch des Vogelparks und einer eventuellen Rast im Restaurant radeln wir weiter in Richtung Walsrode. Hinter den ***Forellenteichen*** zweigt links der Radweg durch den ***Nordsunder*** ab, der geradewegs nach Walsrode führt. Auf der ***Sunderstraße*** geht es in den Ort hinein.

Wer zum **Bahnhof** möchte, biegt von der ***Sunderstraße*** links in die ***Ostpreußenallee*** ab.

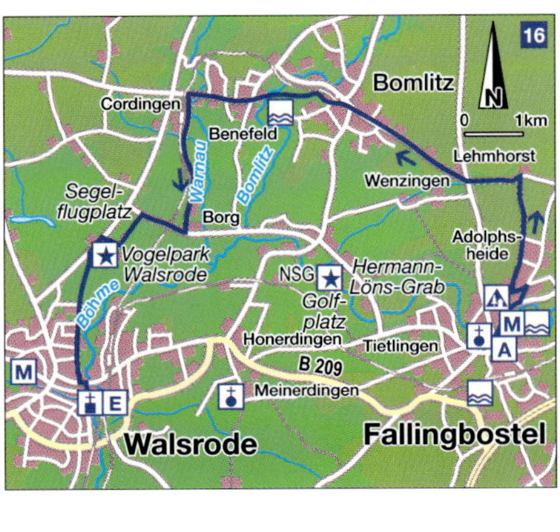

Geradeaus erreicht man auf der ***Sunderstraße*** und der ***Poststraße*** die **Ortsmitte**. Wir überqueren die ***Moorstraße***, fahren am ***Rathaus*** vorbei, biegen links in die ***Lange Straße*** ein und erreichen das **Kloster Walsrode** (*siehe Tour 17*). Wer das Kloster nicht besichtigen möchte, kann die historische Anlage vom nahen **Klostersee** aus gut in Augenschein nehmen.

Radverleih
Finke und Meckert, Walsroder Str. 3, 29683 Fallingbostel, Tel. 05162/989925.

Übernachtungen unterwegs
Parkhotel Luisenhöhe, Luisenhöhe (beim Vogelpark Walsrode), 29652 Walsrode, Tel. 05161/2011; Jugendherberge Fallingbostel, Liethweg 1, 29683 Fallingbostel, Tel. 05162/2274.

Einkehrmöglichkeiten
Restaurant Luisenhöhe, Luisenhöhe (beim Vogelpark Walsrode), 29652 Walsrode, Tel. 05161/2011.

Öffnungszeiten
Vogelpark Walsrode, Am Rieselbach, 29655 Walsrode, Tel. 05161/2015, 1. März – 1. Nov. tägl. 9 – 19 Uhr, im Frühjahr und Herbst bis zur Dunkelheit; Kloster Walsrode, Kirchplatz 2, 29664 Walsrode, Tel. 05161/5343, Führungen April – Sept. täglich 15, 16 und 17 Uhr, im Okt. täglich 15 und 16 Uhr (nicht an Karfreitag und am 24. Juni; Heidemuseum Rischmannshof, Hermann-Löns-Str. 2, 29655 Walsrode, Tel. 05161/5541, Mo – Sa 10 – 13 Uhr, 14 – 18 Uhr, So 14.30 – 17.30 Uhr, Mitte Dez.–Anf. Febr. geschl.

Auskunft
Kurverwaltung Fallingbostel, Sebastian-Kneipp-Platz 1, 29683 Fallingbostel, Tel. 05162/4000; Tourist-Information Walsrode, Lange Str. 20, 29664 Walsrode, Tel. 05161/19433; Bahnhof Soltau, Tel. 05191/5061.

Landkarten
Radwanderkarte RC 3122 Soltau 1:75 000.

17 Von Walsrode nach Fallingbostel

Walsrode – Meinerdingen – Tietlingen – Hermann-Löns-Grab – Fallingbostel

Ausgangsort
Walsrode, Anfahrt per Bahn.

Zielpunkt
Fallingbostel, Rückfahrt per Bahn.

Gesamttourenlänge
12 km.

Zeitbedarf
1 1/2 Stunden Fahrtzeit.

Etappen
3 km bis Meiningen Kirche, 4,5 km bis Hermann-Löns-Grab, 4,5 km bis Fallingbostel.

Steigungen
Geringe Steigungen.

Geländestruktur
Sanfthügelige Wald- und Weidelandschaft längs der Böhme.

Sehenswertes
Kirche in Meiningen, Hermann-Löns-Grab.

Wegmarkierungen
Einige Wegweiser.

Empfehlenswerter Radtyp
Tourenrad.

An dieser Halbtagstour rings um Walsrode lernt man eine der bedeutendsten Sehenswürdigkeiten der Lüneburger Heide kennen – das **Grab von Hermann Löns**. Die Grabstätte des Heidedichters im **Tietlinger Wacholderhain** liegt zwar noch auf Walsroder Gebiet, aber so dicht bei Fallingbostel, daß man auch diese Stadt an der Böhme gleich mitbesichtigen sollte.

In **Walsrode**, einer der meistbesuchten Städte der Lüneburger Heide, stehen aufgrund zahlreicher Stadtbrände nur wenige historische Bauwerke. Der Name Walsrode geht zurück auf ein Dorf Roding und den Klostergründer Wale. Wenn man von der ***Langen Straße*** in Richtung Kloster geht, könnte man die Bauten fast übersehen. **Kloster Walsrode** wurde bereits 986 in einer Urkunde als Kanonissenstift erwähnt und ist somit das älteste der sechs Heideklöster. Im 13. Jahrhundert wurde es in ein Benediktinerinnenkloster umgewandelt. Auch hier kam es nach der Reformation zur typischen Entwicklung des Heideklosters zum Damenstift. Die Kirche im Rundbogenstil ist ein Neubau von 1847–1850. Eine Besonderheit ist der Nonnenchor an der Südseite mit bemalter Holzdecke und wertvollen Glasmalereien. Start der **Radtour** ist das Kloster Walsro-

Das Grab von Hermann Löns im Tietlinger Wacholderhain.

Die Meinerdiger Kirche ist eine der Sehenswürdigkeiten der Radtour nach Fallingbostel.

de. Wir fahren auf einem Radweg am **Klostersee** entlang, wo sich die schönste Sicht auf die historischen Bauwerke bietet. Auf einer langen, schmalen ***Brücke*** – hier sollte man schieben – geht es über die Böhme. Der Weg führt links einen Hang hoch, oben halten wir uns rechts, überqueren die Bahngleise und radeln geradeaus auf der Straße ***Am Bullerberg*** durch die Wohnsiedlung. Der Radweg führt geradeaus auf einem kurzen Erdweg zum stark befahrenen (!) ***Vorbrücker Ring***, den wir mit Bedacht überqueren. Auf der anderen Seite führt links der ***Meinerdinger Kirchweg*** zunächst einige hundert Meter parallel zum ***Vorbrücker Ring***, dann schwenkt der Weg sacht nach rechts und verläuft durch einige kleine Waldstücke geradewegs bis zum Portal der ansehnlichen **Meinerdinger Kirche**. Schwarz erhebt sich der Holzturm mit dem Wetterhahn, weiß verputzt dagegen leuchtet der Saalbau mit dem kleinen Chor und der Sakristei.

Der Radweg führt links auf der ***Dorfallee*** weiter durch **Meinerdingen**. An der Straßengabelung sollte man sich besser links halten, um die ***Bundesstraße 209*** an der Ampel beim Landgasthaus Voltmer sicher überqueren zu können. Dort fahren wir rechts auf dem ***Radweg*** (links der Straße) weiter und biegen nach etwa 450 Metern links in die zweite schmale ***Betonstraße (Schild: Golfplatz)*** ein. Die Straße über die Kuppe wird wenig, aber durchaus zügig befahren. Der große »Schlag« zu beiden Seiten der Straße ist nicht gerade typisch für die Heide, charakteristisch wäre eine kleinteilige Struktur von Feld, Weide und Wald. Wir radeln bergab über das Bahngleis und erreichen **Tietlingen**. Der Dorfname leitet sich vom germanischen »Thing« ab, dem Namen für eine Versammlungsstätte.

Am Parkplatz erreicht man links auf einem Abstecher den etwa ein Kilometer

entfernten **Tietlinger Wacholderhain** mit dem **Grab von Hermann Löns**. Den größten Teil der Strecke kann man gut radeln, ab den Schutzhäuschen geht man besser zu Fuß, denn auf den schmalen, holprigen Pfaden sind meist viele Besucher unterwegs. Es gibt dort insgesamt drei Gedenksteine; zum Löns-Grab hält man sich bei den zwei roten Schutzhäuschen halbrechts. Das Grabmal, verdeckt von Wacholderbüschen, befindet sich auf einer flachen Anhöhe und ist überraschend schlicht. Ein großer Granit-Findling, zerschrunden und mit Riefen gezeichnet, ist der Grabstein: »Hier ruht Hermann Löns« lautet die Inschrift.
Man mag über **Hermann Löns** als Schriftsteller denken, wie man mag – in jedem Fall besteht sein großer Verdienst darin, den Zeitgenossen die Augen für die Schönheit der – damals als Wüstenei verrufenen – Lüneburger Heide geöffnet zu haben.
1866 in Culm in Westpreußen geboren, studierte Löns Medizin und Naturwissenschaften, um schließlich sein Leben als Schriftsteller zu fristen. Wie kein anderer prägte er das bis heutige geläufige Bild der »Haide« mit ihrem »rosaroten Seidenkleid«. Löns fiel 1914 bei Reims, seine sterblichen Überreste wurde 1934 in den Tietlinger Wacholderhain umgebettet.
Zurück vom Löns-Grab fahren wir am Gasthof Sanssouci vorbei durch das schöne Tietlingen ins nahe **Fallingbostel**: ***Tietlinger Lönsweg, Hermann-Löns-Straße***, links in die ***Walsroder Straße, Kirchplatz*** – so fährt man geradewegs ins Zentrum. Größte Sehenswürdigkeit der Stadt an der Böhme, seit 1953 staatlich anerkanntes Kneippbad, ist der **Hof der Heidmark**. Man findet das stattliche Gehöft rechts (östlich) der ***Soltauer Straße*** über einer der zahlreichen Schleifen der Böhme.

Radverleih
Bergmann, Otto-Hahn-Str. 10, 29664 Walsrode, Tel. 05161/72149; Schardt, Moorstr. 34, 29664 Walsrode, Tel. 05161/3621.

Übernachtungen unterwegs
Sanssouci, Tietlingen 4, 29664 Walsrode (Tietlingen), Tel. 05162/3047; Jugendherberge Fallingbostel, Liethweg 1, 29683 Fallingbostel, Tel. 05162/2274.

Einkehrmöglichkeiten
Landgasthaus Voltmer, Dorfallee 14, Honerdingen, Tel. 05161/3672; Restaurant Sanssouci, Tietlingen 4, 29664 Walsrode (Tietlingen), Tel. 05162/3047.

Öffnungszeiten
Kloster Walsrode, Kirchplatz 2, 29664 Walsrode, Tel. 05161/ 5343, Führungen von April – Sept. tägl. 15, 16 und 17 Uhr, im Okt. tägl. 15 und 16 Uhr (nicht an Karfreitag und am 24. Juni; St. Georgkirche, 29664 Walsrode (Meinerdingen), tägl. geöffnet, Tel. 05161/8790 (Pfarramt, Dorfallee 30); Hof der Heidmark, 29683 Fallingbostel, Di, Mi, Fr und Sa 15 – 17.30 Uhr, So 10.30 – 12 Uhr, 15 – 17 Uhr.

Auskunft
Tourist-Information Walsrode, Lange Str. 20, 29664 Walsrode, Tel. 05161/19433; Kurverwaltung Fallingbostel, Sebastian-Kneipp-Platz 1, 29683 Fallingbostel, Tel. 05162/4000; Bahnhof Soltau, Tel. 05191/5061.

Landkarten
Radwanderkarte RC 3122 Soltau 1:75 000.

18

18 Von Walsrode über Ahlden nach Schwarmstedt

Walsrode – Meinerdingen – Düshorn – Hodenhagen – Ahlden – Grethem – Bothmer – Schwarmstedt

Ausgangsort
Walsrode, Anfahrt mit der Bahn.

Zielpunkt
Schwarmstedt, Rückfahrt mit der Bahn.

Gesamttourenlänge
30 km.

Zeitbedarf
3 Stunden Fahrtzeit.

Etappen
3 km bis Meinerdingen Kirche, 12,5 km bis Hodenhagen, 2,5 km bis Ahlden, 12 km bis Schwarmstedt.

Steigungen
Lediglich eine geringe Steigung.

Geländestruktur
Übergang der Lüneburger Heide zum Leinetal.

Sehenswertes
Schloß Ahlden, Leinetal, Schloß Bothmer.

Wegmarkierungen
Einige Wegweiser.

Empfehlenswerter Radtyp
Tourenrad.

Eine radelnde Familie erkundet die Landschaft der Lüneburger Heide südlich von Walsrode.

Von Walsrode über Ahlden nach Schwarmstedt 18

Anlaß für diese Radtour von Walsrode nach Schwarmstedt könnte eine Kunstauktion auf Schloß Ahlden sein oder ein Besuch von Schloß Bothmer, wo man im Restaurant das Geschehen in der Reithalle nebenan gut verfolgen kann. Doch unterwegs kommen auch Liebhaber schöner Landschaften zu ihrem Recht, führt die Route doch von der Heide ins Leinetal (das eigentlich nicht mehr zur Lüneburger Heide gehört).

Start der **Radtour** ist das **Kloster Walsrode**. Wir fahren auf dem Radweg am Klostersee entlang, wo sich die schönste Sicht auf die historischen Bauwerke bietet. Auf einer langen, schmalen Brücke – hier sollte man vom Rad absteigen – geht es über die ***Böhme***. Der Weg führt links einen Hang hoch, und oben halten wir uns rechts, überqueren die Bahngleise und radeln auf der Straße ***Am Bullerberg*** durch die Wohnsiedlung. Der Radweg führt geradeaus auf einer kurzen, erdigen Strecke zum stark befahrenen (!) ***Vorbrücker Ring***, den wir mit Bedacht überqueren. Auf der anderen Seite führt links der ***Meinerdinger Kirchweg*** einige hundert Meter parallel zum ***Vorbrücker Ring*** weiter, dann schwenkt er sacht nach rechts durch einige Wäldchen mit Lichtungen. Auch ein schöner Birkenwald ist darunter. Der Meinerdinger Kirchweg macht seinem Namen alle Ehre, endet die schmale Allee doch genau vor dem Portal der ansehnlichen Kirche von **Meinerdingen** (siehe Tour 17).

Rechter Hand führt ein breiter Fahrweg in Richtung Düshorn. Unterwegs kommt man durch ***Rödershöfen***. Am Strommast fahren wir rechts, dann auf der Landstraße (Radweg) links nach **Düshorn**.

An der **Kirche** (um 1700) stößt man ganz unverhofft auf mannshohe Bauerngrabstelen aus der Zeit nach 1700, wie sie kostbarer kaum sein könnten. An der Kreuzung biegen wir rechts in die ***Fallingbosteler Straße*** ab, links auf dem ***Rehrweg*** verlassen wir den Ort in Rich-

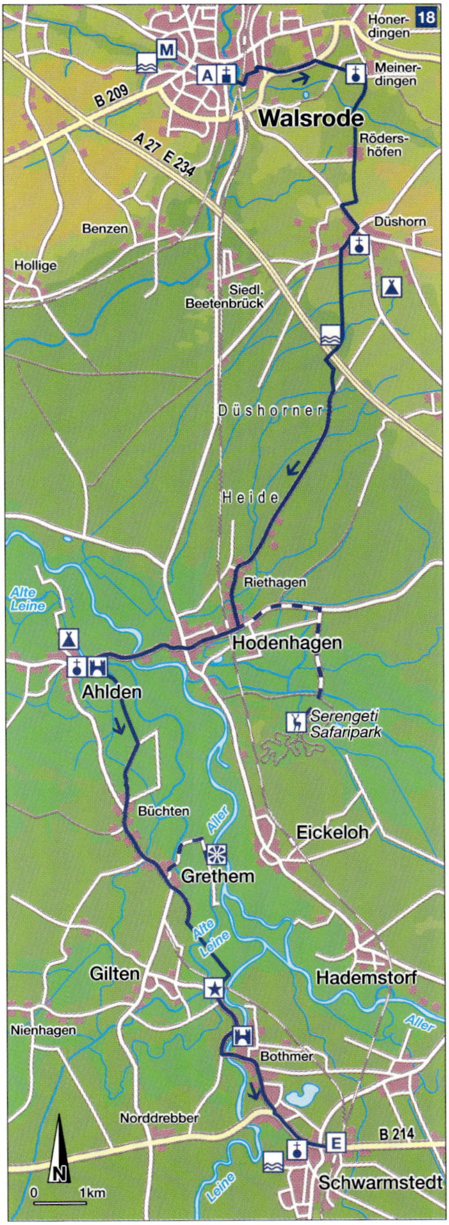

Schloß Ahlden und seine schöne Fachwerkfassade: Man kann das Bauwerk bei einer Kunstauktion kennenlernen.

tung Schwimmbad. Hinter der ***Autobahnbrücke*** halten uns gleich links und folgen dem Verlauf der Straße nach Süden. Auf wenig befahrener Asphaltstraße durch die Düshorner Heide geht es geradeaus nach **Hodenhagen**. Man erreicht den Ort an der ***Bahnhofstraße***, links kommt man auf stark befahrener Straße ohne Radweg zum **Serengeti Safaripark**. Busse fahren durch das weiträumige Parkgelände, in dem wilde Tiere wie Affen, Löwen und Nashörner frei umherlaufen.

Wir halten uns in Hodenhagen rechts und fahren auf der ***Bahnhofstraße*** zur Ortsmitte, biegen rechts in die ***Heerstraße***, dann gleich links in die Straße ***Alt-Riethagen*** ein, die in die ***Allerstraße (Radweg)*** nach Ahlden übergeht. Man überquert zuerst die ***Aller***, dann die ***Alte Leine***.

Ahlden ist ein reizvoller Ort, vor allem die ansehnlichen Bauernhäuser, die ihre Giebel der Großen Straße zuwenden, sind eine Augenfreude. Doch die größte Sehenswürdigkeit ist das herrenhausähnliche **Schloß** an der Alten Leine. Dort wurde von 1695 bis zu ihrem Tode 1726 Sophie Dorothea gefangengehalten, Gemahlin von Kurfürst Georg Ludwig von

Hannover, der später als Georg I. den englischen Thron bestieg. Das Schloß, nach 1613 in Backstein und Fachwerk errichtet, ist ein beschaulicher Ort, besonders das reich verzierte Fachwerk im Innenhof verleitet zu Detailstudien. Das Innere kann nur im Rahmen einer Kunstauktion besichtigt werden.
Vom Schloß fahren wir auf dem ***Koppelweg*** in Richtung Büchten. Wir folgen dem Verlauf des Weges, bei einer T-Kreuzung fahren wir rechts auf einen Strommast zu, nach **Büchten**. Wir radeln geradeaus durch den Ort und erreichen auf dem Radweg längs der ***Hauptstraße*** **Grethem**. Das Dorf wurde 1330 als Raubritternest zerstört. 1618 gab es hier das Kuriosum einer Schiffsmühle, also einer schwimmenden Wassermühle. Im Ort lohnt sich ein Abstecher zur Aller: Dazu fährt man links in die ***Dorfstraße***, biegt in den Fährweg rechts ein, vorbei an der ***Grützmühle*** von 1705, überquert die ***Alte Leine*** und folgt dem Verlauf der schmalen Straße bis zur einsamen ***Aller***. Am Dorfende von Grethem biegen wir links in den Weg ***Zum Goldberg*** ein**.** Bei dem Sperrschild ***»Sechs Tonnen«*** halten wir uns links. Die Felder und Weiden sind hier alle 20 Meter durch niedrige Buschhecken zwischen den Zäunen gesichert. Wir überqueren die ***Alte Leine***, dann biegen wir rechts zur ***Bahnbrücke*** und zur ***Mühle*** ab; der sehr holprige Weg ist nur von kurzer Strecke. An der Landstraße biegen wir links in den Radweg ein, der längs der Leine nach Schwarmstedt führt. Wir fahren links in die ***Bothmersche Straße*** nach **Bothmer** – und sollten nun **Schloß Bothmer** nicht verpassen, das man kurz jenseits der ***Leinebrücke*** links auf der ***Dorfstraße*** erreicht. Ein Besuch des Restaurants und Reiterhofs ist unbedingt zu empfehlen. Das Rittergut ist seit Ende des 12. Jahrhunderts Eigentum der Familie von Bothmer. Das Herrenhaus, ein zweigeschossiger Bau, kann nicht besichtigt werden, liegt aber gut im Blickfeld der Besucher auf dem Weg zum Restaurant. Tagaus, tagein werden hier Hengste trainiert, was man vom Restaurant aus gut verfolgen kann.
Anschließend fahren wir weiter auf der ***Bothmerschen Straße*** und biegen am Friedhof links in die ***Celler Straße (Radweg)*** in die Ortsmitte von **Schwarmstedt** ein.
Auf der ***Moorstraße*** kommt man links über die ***Bahnhofstraße*** zum Bahnhof.

Radverleih
Bergmann, Otto-Hahn-Str. 10, 29664 Walsrode, Tel. 05161/72149; Schardt, Moorstr. 34, 29664 Walsrode, Tel. 05161/3621.

Übernachtungen unterwegs
Gästehaus Schloß Bothmer, Alte Dorfstr. 15, 29690 Schwarmstedt (Bothmer), Tel. 05071/3037

Einkehrmöglichkeiten
Café Schloß Ahlden, Große Str. 2, 29693 Ahlden/Aller, Tel. 05164/2121, Montag Ruhetag; Restaurant Schloß Bothmer, Alte Dorfstr. 15, 29690 Schwarmstedt (Bothmer), Tel. 05071/3037, Montag Ruhetag.

Öffnungszeiten
St.-Georg-Kirche, 29664 Walsrode (Meinerdingen), täglich geöffnet, Tel. 05161/8790 (Pfarramt, Dorfallee 30); Serengeti Safaripark, Am Safaripark, 29691 Hodenhagen, Tel. 05164/531, März – Okt. tägl. 9 – 18 Uhr, Einlaß bis 17 Uhr.

Auskunft
Tourist-Information Walsrode, Lange Str. 20, 29664 Walsrode, Tel. 05161/19433; Tourist-Information Schwarmstedt, Bahnhofstr. 15, 29690 Schwarmstedt, Tel. 05071/8688; Kunstauktion Schloß Ahlden, 29691 Ahlden/Aller, Tel. 05164/575.

Landkarten
Radwanderkarte RC 3122 Soltau 1:75 000; Radwanderkarte RC 3522 Hannover Nord 1:75 000.

19 Von Schwarmstedt über Wietze und Südwinsen nach Celle

Schwarmstedt – Buchholz – Wietze – Südwinsen – Oldau – Stedden – Boye – Celle

Ausgangsort
Schwarmstedt, Anfahrt mit der Bahn.

Zielpunkt
Celle, Rückkehr mit der Bahn.

Gesamttourenlänge
54 km.

Zeitbedarf
5 ½ Stunden Fahrtzeit.

Etappen
15 km bis Jeversen, 13 km bis Wietze, 7 km bis Südwinsen, 4 km bis Stedden, 15 km bis Celle.

Steigungen
Kaum Steigungen.

Geländestruktur
Niederungen der Aller, Wietze und Örtze.

Sehenswertes
Die Bach- und Flußläufe, Erdölmuseum in Wietze.

Wegmarkierungen
Wenige Wegweiser.

Empfehlenswerter Radtyp
Tourenrad.

Diese Tour führt den Radler von dem Abstecher jenseits der Leine (siehe Tour 18) zurück in die Lüneburger Heide. Drei Heide-Flüsse – Aller, Wietze und Örtze – lernt man unterwegs kennen, und ein Museum in Wietze informiert über die Tradition der Erdölgewinnung in der Heide.

Schwarmstedt ist in erster Linie wohl als Autobahnabfahrt bekannt. Der kleine Ort hat eine reizende spätgotische **Hallenkir-**

Die Ärtze, einer der größeren Flüsse der Lüneburger Heide, lädt zur Rast am Wiesengrund ein.

che (um 1500), ein **Herrenhaus** von 1632, die sogenannte »Alte Burg« in der Celler Straße und ein **Rittergut** aus der Mitte des 18. Jahrhunderts, das im Mühlenweg steht.
Start der **Radtour** ist der Bahnhof in Schwarmstedt. Wir fahren von der ***Bahnhofstraße*** links in die ***Moorstraße***, an deren Ende wir links über die Straße ***Am Schützenplatz*** auf dem ***Mühlenweg*** in Richtung Buchholz fahren. Wir biegen rechts in die ***Werkstraße*** ein, von der wir links in die Straße ***Im Laab*** radeln, die durch ein Gewerbegebiet verläuft. Am Ende der Straße führt ein Erdweg aus dem Ort hinaus. Man fährt durch eine Allee schiefer Pappeln. Am Wegpilz geht es geradeaus weiter. Hundert Meter dahinter fahren wir links auf sandiger Strecke zur Landstraße. Dort radeln wir auf der Straße rechts und überqueren die nächste Landstraße in Richtung **Buchholz**. Am Dorfanfang fahren wir rechts und radeln in einer großen Linkskurve durch den Ort. Auf dem ***Mühlenweg*** geht es aus dem Dorf. Der Weg unterquert die Autobahn, dann ist **Marklendorf** erreicht. Dort fahren wir rechts in die Straße ***Am Schützenplatz*** und biegen beim ***Gasthof Haus Hubertus*** erneut rechts ab. Auf guter Asphaltstraße radeln wir nach Süden auf einen Wald zu, dann geht es auf einem Erdweg weiter. Hundert Meter hinter zwei weißen, gemauerten Torpfosten fahren wir links und radeln an einem Zaun entlang, an dessen Ende wir ein zweites Mal links abbiegen; linkerhand ein weiträumiges Testgelände für Autoreifen.
Der Weg führt auf einem Asphaltweg weiter und endet in **Jeversen**. Im Dorf fahren wir auf der ***Conti-Straße*** geradeaus bis zur ***Schwarmstedter Straße (Bundesstraße 214)***, halten uns rechts auf dem Radweg und biegen rechts in den ***Bruchweg*** ein. Auf einem asphaltierten Weg geht es, immer geradeaus, nach Südosten durch ein großes Waldgebiet zur ***Wietze***, die wir überqueren. Wir folgen dem Verlauf der Straße, die knapp vierhundert Meter hinter dem Bach, bei einem Sackgassenschild, links zur Landstraße führt. Auf dem Radweg nach links erreichen wir **Wieckenberg**.
Auf der ***Fuhrberger Straße (Radweg)*** erreichen wir **Wietze**. Zum Erdöl-Museum biegen wir links in die ***Steinförder Straße ein (Radweg)***, die in die ***Nienburger Straße*** übergeht. Nach etwa einem Kilometer biegt rechts die ***Hornbosteler Straße*** ab, von der man bereits den großen Bohrturm linker Hand sieht. Warum es in Wietze am Südrand der Lüneburger Heide ein **Erdölmuseum** gibt, liegt auf der Hand: 1858 wurde in Wietze eine Bohrung niedergebracht, vermutlich die erste erfolgreiche Bohrung weltweit. Ab 1860 suchte man in Wietze in großem Maßstab nach Erdöl. Nachdem 1899 eine frei fördernde Ölquelle angebohrt worden war, kam es zu einem regelrechten Ölboom. Wietze wurde die Pionierstadt der deutschen Erdölindustrie. 1908 kamen 78 Prozent der gesamten deutschen Ölförderung aus dieser Stadt.
Die Bohr- und Födereinrichtungen – einige stammen noch von der Jahrhundertwende – können z. T. in Betrieb gesetzt werden. Prachtstück ist der 56 Meter hohe Bohrturm.
Vom Museum fahren wir auf der ***Nienburger*** und der ***Steinförder Straße*** zurück. Hinter der ***Brücke*** über die Wietze biegt links der ***Südwinsener Weg*** ab, der durch den Wald nach **Südwinsen** führt. Dieser Radweg ist durch Holzpfosten markiert.
In Südwinsen angekommen, fahren wir bis zu einem weißen Geländer, wo wir uns links halten. Kurz darauf biegen wir

19 Von Schwarmstedt über Wietze und Südwinsen nach Celle

Die prachtvolle Oldauer Schleuse hält für Ausflügler ein Handicap bereit: Man muß die Räder über eine Treppe tragen.

rechts in die Straße ***Alter Bahnhof*** ein, an deren Ende ein schmaler Weg auf einen Platz führt. Dort halten wir uns halblinks, fahren einige Meter auf der ***Oldauer Straße*** in Richtung Ortsmitte und biegen rechts an der Telefonzelle ab in den ***Oheweg*** ein (dann rechts halten). An der Kreuzung mit dem ***Oldauer Weg*** fahren wir auf dem Radweg rechts nach **Oldau**. Dort radelt man auf der Hauptstraße etwa 200 Meter links und biegt in die holprige ***Schleusenstraße*** ein. An der **Oldauer Schleuse** muß man das Rad über einige Treppenstufen tragen.

Jenseits der Aller fährt man auf einem Waldweg in Richtung **Stedden**, nach 1200 Metern rechts halten. In Stedden fährt man am besten gleich links und radelt auf dem ***Alten Kirchweg*** leicht bergan. Schon in Sichtweite des Vorfahrtsschildes biegt rechts ein Radweg ab, der die Landstraße kreuzt und jenseits als gut markierter ***Radweg*** (Holzpfähle als Abgrenzung) am Rand des Örtzetals nach

Nordosten führt. Am Wegesrand, mit Blick auf die Schleifen des Bachlaufs, läßt sich ausgezeichnet picknicken (unterwegs rechts abbiegen). Nach knapp drei Kilometern erreicht man die Straße nach Wolthausen (Bundesstraße 3), wo wir rechts auf dem Radweg weiterfahren. Nun sollte man die Entfernung abschätzen: nach 1600 Metern biegt halbrechts ein Waldweg ab, der schnurgerade nach **Boye** führt. Der Weg endet an einem Kreisel; auf dem ***Kirchweg*** kommt man zur Landstraße, wo wir links auf dem Radweg längs des ***Winsener Wegs*** **Celle** erreichen. Auf dem ***Bremer Weg*** kommt man in die Stadtmitte.

Radverleih
Verkehrsverein Aller-Wietzetal, siehe Auskunft.

Übernachtungen unterwegs
Hotel-Restaurant Zur Post, Poststr. 19, 29308 Winsen/Aller, Tel. 05143/5005; Jugendherberge Celle, Weghausstr. 2, 29223 Celle, Tel. 05141/53208.

Einkehrmöglichkeiten
Gasthaus Unter den Linden, 29323 Wietze (Jeversen), Tel. 05146/2215.

Öffnungszeiten
Deutsches Erdölmuseum, Schwarzer Weg 7–9, 29323 Wietze, Tel. 05146/2888 und 5102, Juni–Aug. Di–So 10–18 Uhr, April–Mai, Sept.–Okt. Di–Fr 10–12, 14–17 Uhr, Sa, So und feiertags 10–17 Uhr; Winser Museumshof, Brauckmanns Kerkstieg, 29308 Winsen/Aller, Tel. 05143/8140, Ostern–Okt. Mi und Sa 15–18 Uhr, So und feiertags 11–18 Uhr, 15. Mai–15. Sept. zusätzlich 15–18 Uhr.

Auskunft
Tourist-Information Schwarmstedt, Bahnhofstr. 15, 29690 Schwarmstedt, Tel. 05071/8688; Verkehrsamt Winsen, Am Amtshof 4, 29308 Winsen/Aller, Tel. 05143/988867.

Landkarten
Radwanderkarte RC 3522 Hannover Nord 1:75 000; Radwanderkarte RC 3526 Celle.

20 Von Müden über Hermannsburg nach Bergen und Bergen-Belsen

Müden – Hermannsburg– Hof Grauen – Dohnsen – Wohlde – Bergen bzw. Bollersen – Belsen – Gedenkstätte Bergen-Belsen

Ausgangsort
Müden/Örtze, Anfahrt mit dem Wagen.

Zielpunkt
Bergen oder Belsen; Rückfahrt auf demselben Weg empfohlen.

Gesamttourenlänge
22 km, über Bergen 23 km.

Zeitbedarf
2 ½ Stunden Fahrtzeit.

Etappen
6 km bis Hermannsburg, 6 km bis Wohlde, 10 km bis zur Gedenkstätte Bergen-Belsen (11 km über Bergen).

Steigungen
Einige geringe, aber langezogene Steigungen.

Geländestruktur
Niederung der Örtze sowie sanftgewelltes Wald- und Ackerland.

Sehenswertes/Besuchenswertes
Müden, die Örtze, Hermannsburg, Großsteingrab von Siddernhausen, Bergen, Gedenkstätte Bergen-Belsen.

Wegmarkierungen
Wegweiser.

Empfehlenswerter Radtyp
Tourenrad.

Da die Rückkehr nur per Rad möglich ist, sollte man für diese Tour einen ganzen Tag einplanen. Sie macht mit der Niederung der Örtze zwischen Müden und Hermannsburg bekannt und führt durch das

Eine Radlergruppe startet bei der Laurentiuskirche in Müden an der Ärtze zu einem Ausflug.

Geestgebiet westlich von Hermannsburg nach Bergen. Wahlweise bietet sich ein Abstecher nach Bergen an oder ein Ausflug zur Gedenkstätte des ehemaligen Konzentrationslagers Bergen-Belsen am Rand des Truppenübungsplatzes Bergen-Hohne.

Das liebliche Dorf **Müden an der Örtze** lernt man am besten zu Fuß kennen. Einzelne herausragende Sehenswürdigkeiten gibt es nicht – es ist das alte Heidedorf im Ganzen, das sehenswert ist. Müden wäre aber nur halb so schön, gäbe es die malerische ***Örtze*** nicht, die das Dorf von Nord nach Süd durchfließt. Am **Heidesee** läßt sich ausgezeichnet rasten und picknicken. Die **Radtour** beginnt in Müden an der ***Örtze-Brücke***. Auf dem ***Wiesenweg*** fahren wir nach Süden, passieren die ***Jugendherberge*** und halten uns auf dem ***Hauptweg*** immer geradeaus. Links neben dem breiten Waldweg verläuft ein guter ***Radweg***, der durch sanfgewelltes Wald- und Weideland nach Hermannsburg führt. Die Örtze verläuft ganz nah rechter Hand, doch erst kurz bei Hermannsburg kommen Radweg und Bach nah zusammen.

In **Hermannsburg** biegen wir links ein und fahren auf den Straßen ***Lutter, Waldstraße*** und ***Lutterweg***, dann rechts durch die ***Harmsstraße*** bis zur ***Lotharstraße***, in die wir rechts einbiegen und die Örtze überqueren. Die ***Lotharstraße***

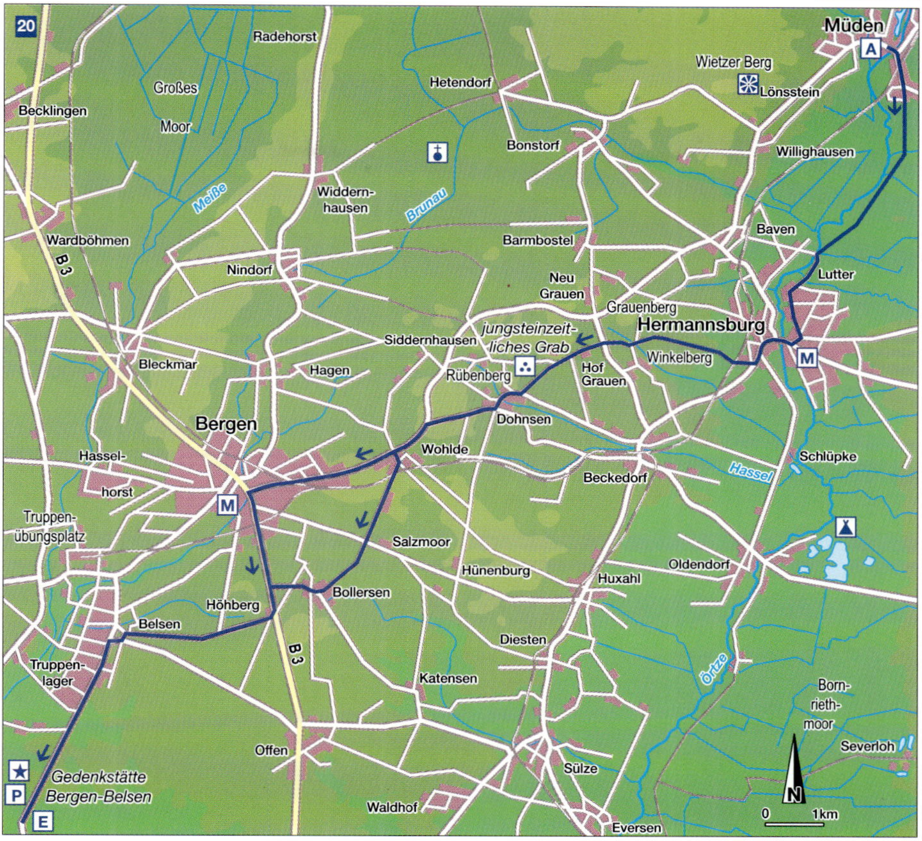

verläuft in einer großen Linkskurve stadtauswärts und geht über in die ***Celler Straße***: Rund 200 Meter vor der Aral-Tankstelle, noch vor dem ***Friedhof***, biegt rechts die ***Hustedtstraße*** in Richtung ***Hof Grauen*** ab. Die schmale, wenig befahrene Asphaltstraße führt über das Bahngleis und über die waldfreie Kuppe des ***Winkelbergs***.

An einem großen Wegedreieck mit Bank und Wegweisern verläuft die Route nach rechts, vorbei an **Hof Grauen**, kreuzt die Landstraße und führt nach **Dohnsen**. Kurz vor dem Dorfbeginn weist ein Schild »Steingrab« den Weg zum nahen **Großsteingrab von Siddernhausen**. Die Grabkammer des etwa 4000 Jahre alten Grabes aus der Jungsteinzeit ist ca. zehn Meter lang und besteht aus rund 20 Tragsteinen, auf denen ursprünglich acht Decksteine lagen. Es gab einen seitlichen Zugang, so daß das von einem Erdhügel bedeckte Grab begangen werden konnte. Mehrere Generationen haben während der Jungsteinzeit dieses Ganggrab benutzt.

Zurück vom Abstecher, fahren wir rechts nach Dohnsen hinein. Dort halten wir uns rechts, durchfahren den Ort und radeln auf dem Radweg längs der Landstraße nach **Wohlde**. Nun haben wir die Wahl: Wer **Bergen** sehen will, fährt auf dem

Radweg weiter geradeaus und erreicht die Stadtmitte auf der *Hermannsburger Straße* und der *Bahnhofstraße*. Zu besichtigen sind die **Lambertikirche** mit einem dreischiffigen klassizistischen Emporensaal von 1826 und das **Römstedthaus**, ein Heimatmuseum mit vorgeschichtlichen und geologischen Funden. Auf der *Celler Straße* (Bundesstraße 3, Radweg) stadtauswärts in Richtung Celle bekommt man wieder Anschluß an die weitere Route.

Wer dagegen die **Gedenkstätte Bergen-Belsen** besuchen möchte, fährt in Wohlde bei der Telefonzelle (rechts der Straße) links in den *Hünenburger Weg*, kurz darauf rechts in den *Bollersener Weg*. Die Straße ohne Radweg ist auf den ersten zwei Kilometern eventuell stark befahren, jenseits der kreuzenden Landstraße wird es auf dem Asphaltweg jedoch recht ruhig. Wir durchfahren **Bollersen** in Richtung Bundesstraße 3. Dort fährt man auf dem Radweg links, überquert nach 400 Metern, bei einigen Häusern, vorsichtig die Straße und biegt rechts in einen Asphaltweg ein. Nach etwa 100 Metern führt die Route rechts weiter nach **Belsen**. Wir biegen links in die *Alte Dorfstraße* ein, fahren bis zur *Offener Straße*, auf der es rechts weitergeht. An der *Winsener Straße* fahren wir links, vorbei am *Truppenlager Bergen-Hohne*, auf dem Radweg nach Süden in Richtung Walle.

Nach gut drei Kilometern ist die **Gedenkstätte Bergen-Belsen** erreicht. Das Konzentrationslager Bergen-Belsen war zunächst ein Aufenthaltslager für ausländische Juden, die man gegen deutsche Internierte und Kriegsgefangene austauschen wollte. Im Laufe des Krieges wandelte sich das Lager mehr und mehr zu einem Vernichtungslager. Hier starben etwa 80 000 bis 100 000 Menschen, unter ihnen war auch Anne Frank (1929 – 1945). Im Dokumentenhaus kann man sich eingehend über das KZ Bergen-Belsen und die Judenvernichtung der Nazionalsozialisten informieren. Bei einem Gang über die Gedenkstätte trifft man auf einzelne Grab- und Gedenksteine, einen Obelisk, aber auf keinerlei Bauten des Lagers, die wegen der drohenden Seuchengefahr 1945 abgebrannt wurden. Die zahlreichen Steinchen auf den Gedenksteinen sind, jüdischer Tradition entsprechend, ein Gruß an die Toten.

Radverleih
A. Schütze, Unterlüßer Straße 2, 29326 Müden/Örtze, Tel. 05053/1576; Hotel Heidehof, Billingstraße 29, 29320 Hermannsburg, Tel. 05052/9700

Übernachtungen unterwegs
Landhaus Hof Grauen, 29320 Hermannsburg, Tel. 05052/3351; Hotel Kohlmann, Lukenstraße 4 – 6, Bergen, Tel. 05051/98760.

Einkehrmöglichkeiten
Landhaus Hof Grauen (Café), 29320 Hermannsburg, Tel. 05052/3351; Hotel Kohlmann, Lukenstraße 4 – 6, Bergen, Tel. 05051/98760.

Öffnungszeiten
Heimatmuseum Römstedthaus, Friedensplatz 4, 29303 Bergen, Tel. 05051/6612, Mo – Do 9.30 – 12, 15 – 17 Uhr, Fr. 9.30 – 12 Uhr, Juli – Sept. zusätzlich Sa 14.30 – 16.30 Uhr, So 10 – 12, 14.30 – 16.30 Uhr; Gedenkstätte Bergen-Belsen, 29303 Bergen-Belsen, Tel. 05051/6011, tägl. 9 – 18 Uhr, Friedhof nach 18 Uhr durch die Nebenpforte zugänglich.

Auskunft
Verkehrsverein Hermannsburg, Harmsstr. 3 A, 29320 Hermannsburg, Tel. 05052/8055; Fremdenverkehrsverein Bergen e.V., Stadtverwaltung, Postfach 1199, 29296 Bergen, Tel. 05054/479-37.

Landkarten
Freizeitkarte für den Landkreis Celle (1:50 000).

21 Von Müden über Hermannsburg und Rebberlah nach Celle

Müden – Hermannsburg – Citronenberg – Rebberlah – Garßen – Bostel – Altenhagen – Celle

Ausgangsort
Müden, Anfahrt evtl. wie bei den Touren 14 und 29.

Zielpunkt
Celle, Rückfahrt auf demselben Weg.

Gesamttourenlänge
37 km.

Zeitbedarf
4 Stunden Fahrtzeit.

Etappen
5,5 km bis Hermannsburg, 7 km bis Dehningshof, 7,5 km bis Rebberlah, 17 km bis Celle.

Steigungen
Geringe Steigungen, mit Ausnahme am Citronenberg (20 m).

Geländestruktur
Hügelreiche Waldlandschaft des Naturparks Südheide.

Sehenswertes
Örtze-Tal, Naturpark Südheide.

Wegmarkierungen
Wegweiser.

Empfehlenswerter Radtyp
Tourenrad mit Gangschaltung.

Müden an der Örtze lernt man am besten zu Fuß kennen (siehe Tour 20). Müden wäre nur halb so schön, gäbe es die malerische Örtze nicht, die das Dorf von Nord nach Süd durchfließt. Der **Heidesee** ist ein idealer Platz zum rasten und picknicken.
Die **Radtour** beginnt in Müden an der ***Örtze-Brücke***. Auf dem ***Wiesenweg*** fahren wir nach Süden, passieren die Jugendherberge und halten uns auf dem Hauptweg immer geradeaus. Links neben dem breiten Waldweg verläuft ein guter Radweg, der im Auf und Ab der kleinen Anhöhen, durch kleine Gehölze und Weideland, nach Hermannsburg führt. Die Örtze verläuft ganz nah rechter Hand, doch erst kurz bei Hermannsburg kommen Radweg und Bach dicht zusammen.
In **Hermannsburg** (siehe Tour 29) biegen wir links ein und fahren auf den Straßen ***Lutter, Waldstraße*** und ***Lutterweg*** in den Ort, radeln rechts in die ***Harmsstraße*** und fahren bis zur ***Lotharstraße***, in die wir links einbiegen (Radweg). Hinter dem ***Waldhotel*** folgt das Schwimmbad, dann ein Parkplatz. Kurz dahinter biegt rechts die ***Alte Celler Heerstraße*** ab.
Auf der wenig befahrenen Asphaltstraße fahren wir durch Weideland und kleine Wälder nach Süden ***(Markierung Weißkreuz und Naturpark Südheide 3)***. Wir halten uns immer geradeaus, auch auf dem Erdweg, der von einem Radweg begleitet wird. Unterwegs sieht man mächtige Baumveteranen, meist Eichen und Buchen. Ab und zu bricht der Radweg ab, beginnt aber immer wieder neu. ***Wanderhütten*** laden zur Rast ein.
Man überquert die Landstraße, kurz dahinter liegt links eine große Heidefläche mit Teich und Wanderwegen – ideal für einen Abstecher mit Rast. Es geht weiter geradeaus zur ***Alten Fuhrmanns-Schänke*** (Dehningshof), einem beliebten Ausflugslokal. In diesem Anwesen bekämpfte man 1975 den großen Waldbrand, der drei Wochen lang in der Heide nordöstlich von Celle wütete. Wir halten uns weiter

Die Heidschnuckenherden gehören zur Lüneburger Heide wie Erika, Wacholder und die Treppenspeicher.

geradeaus, bei einer Schutzhütte endet die Straße. Wir biegen nicht zum ***Reiterhof Severloh*** ab. Rechts erstreckt sich eine große Heidefläche, wie meist in der Südheide sieht man nur wenig Wacholder. Zu beiden Seiten des Weges stehen mächtige Baumveteranen. Vor dem 83 Meter hohen **Citronenberg** müssen wir eine langgezogene Steigung nehmen. Wir passieren den Wegpilz geradeaus und erreichen einen langgezogenen, flachen Teich links des Weges, der im Hochsommer allerdings stark austrocknet. Bei einer uralten Buche hat man von einer Bank einen guten Ausblick auf den Teich. Hinter dem Teich halten wir uns bei einem Wegkreuz links in Richtung ***Rebberlah*** bergan und fahren bei dem weißen Tor scharf links am Zaun entlang. Wir folgen diesem Weg, erkennbar an der Stromleitung, geradeaus, und fahren bei einem Wegpilz rechts durch die rotweiße Schranke. Nach wenigen hundert Metern, bei einer zweiten Schranke, halten wir uns links nach Rebberlah.
Auf recht schlechtem Weg erreichen wir das nahe Dorf **Rebberlah**. Der Wegpilz an der Kastanie mit Bank gibt die Richtung nach **Hornshof** nicht genau an, ein kleines gelbes Schild hilft nach, man halte

Der Citronenberg im Naturpark Südheide ist eines der beliebtesten Ausflugsziele weit und breit.

sich ferner an das 30-Km-Schild am Weg scharf rechts.
Dieser breite Weg führt durch eine etwas triste Landschaft, die die Spuren des Waldbrandes von 1975 nicht ganz verbergen kann, zur Bahnlinie. Falls die ***Wildgatter*** geschlossen sein sollten – bitte öffnen und wieder schließen. An der Bahnlinie fahren wir auf der Asphaltstraße nach rechts, überqueren die Gleise nach links in Richtung ***Hornshof***. Auf dem ***Kärrner Weg*** erreichen wir die ***Escheder Straße (Bundesstraße 191)***, die wir vorsichtig überqueren und auf dem Radweg nach rechts befahren. Nach 50 Metern zeigt ein Wegweiser nach links in Richtung ***Gockenholz***. Nach etwa einem Kilometer fahren wir rechts auf schmaler Asphaltstraße nach **Garßen**. Auf dem ***Hamburger Weg*** kommt man in den Ort, dann geht es links ab in die Straße ***Gersnethe***, deren Verlauf wir folgen. An der Kirche vorbei überqueren wir die Vorfahrtsstraße in Richtung Bostel. Auf der Straße ***Hundehoopsfeld*** – Radweg rechts der Straße – verlassen wir den Ort. **Bostel** durchfahren wir geradeaus auf der Straße ***Am Umspannwerk***. Am Ortsende, in einer großen Rechtskurve, führt halbrechts der wenig befahrene Asphalt-

Von Müden über Hermannsburg und Rebberlah nach Celle

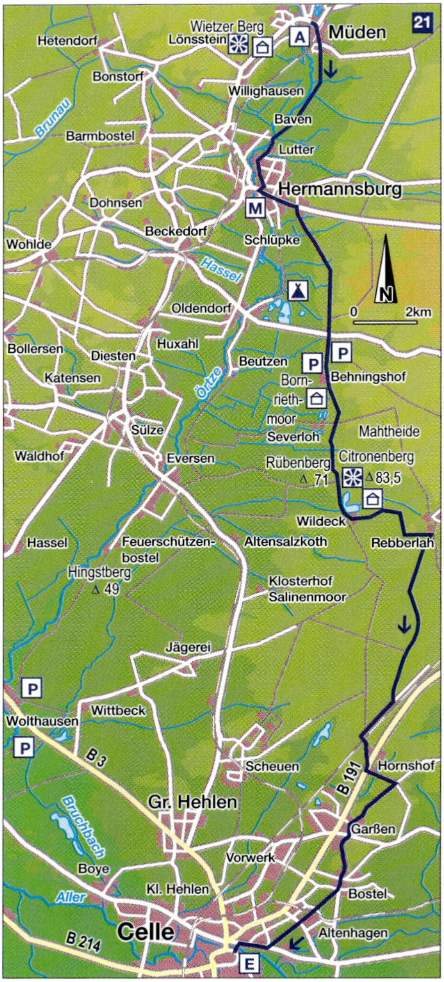

weg *Am Silberberg* nach **Altenhagen**. Dort fahren wir an der Post vorbei und halten uns auf dem *Fasanenweg* geradeaus. Halbrechts radeln wir auf den Supermarkt zu und biegen links in die *Dörnbergstraße* ein. Nach 50 Metern fahren wir rechts, dann gleich links in die *Güldenen Winkel*. Durch die *Dammaschwiese* geht es, an *Leisewitz' Garten* vorbei, zur *Pfennigbrücke* über die *Aller*. Man sieht deutlich die Stadtkirche, das einzige hochaufragende Bauwerk von **Celle.** Die *Schuhstraße*, die von Radlern befahren werden darf, führt mitten hinein in die historische Altstadt von Celle.

Radverleih
A. Schütze, Unterlüßer Str. 2, 29326 Müden/Örtze, Tel. 05053/1576; Reisebüro Espe, Lotharstr. 4, 29320 Hermannsburg, Tel. 05052/6001.

Übernachtungen unterwegs
Jugendherberge Celle, Weghausstr. 2, 29223 Celle, Tel. 05141/53208; Pension Tullmyn, Grabenseestr. 8, 29221 Celle, Tel. 05141/28510.

Einkehrmöglichkeiten
Zur Alten Fuhrmanns-Schänke, Dehningshof 1, 29320 Hermannsburg (Oldendorf), Tel. 05054/1065 und 8095; Leisewitz' Garten, Wittinger Str. 56, Celle, Tel. 05141/32015.

Öffnungszeiten
Ludwig-Harms-Haus, Harmsstr. 2, 29320 Hermannsburg, Tel. 05052/69220-21; Schloß Celle, 29221 Celle, Tel. 05141/382626, Di – Do, Sa und So 10 – 17 Uhr, im Jan. geschl.

Auskunft
Verkehrsbüro Müden/Örtze, Hauptstr. 6, 29328 Faßberg II, Tel. 05053/329; Tourist-Information Celle, Markt 6, 29221 Celle, Tel. 05141/1212.

Landkarten
Freizeitkarte Landkreis Celle (1:50 000).

22 Von Hermannsburg über Lutterloh und Unterlüß nach Hösseringen

Hermannsburg – Weesen – Lutterloh – Unterlüß – Museum Mösseringen

Ausgangsort
Müden, Anfahrt mit dem Wagen.

Zielpunkt
Hösseringen, Rückfahrt auf demselben Weg.

Gesamttourenlänge
30 km.

Zeitbedarf
3 ½ Stunden Fahrtzeit.

Etappen
10,5 km bis Lutterloh, 9 km bis Unterlüß, 10,5 km bis Hösseringen.

Steigungen
Einige langgezogene Steigungen bis zu 20 m.

Geländestruktur
Waldgebiet der Südheide (Naturpark).

Sehenswertes
Bauernhof in Lutterloh.

Wegmarkierungen
Einige Wegweiser.

Empfehlenswerter Radtyp
Tourenrad mit Gangschaltung.

Die folgende Radtour führt von Hermannsburg nach Osten quer durch die Südheide. Größte Sehenswürdigkeit dieser Route ist die Landschaft der **Südheide**, die unter den Schutz eines Naturparks gestellt wurde.
Was unterscheidet die Südheide zwischen Müden, Unterlüß und Eschede vom Naturschutzgebiet Lüneburger Heide rings um den Wilseder Berg?
Der **Naturpark Südheide** ist wesentlich waldreicher als das Naturschutzgebiet Lüneburger Heide und beeindruckt durch seine großen, geschlossenen Waldgebiete. Die Südheide ist reich an Bächen, hat aber insgesamt wenige der typischen Heideflächen. Die wenigen Ausnahmen zeigen kaum Wacholder, und es fehlt die romantische Heide wie man sie rings um den Wilseder Berg findet. Von der Aller steigt die Südheide langsam an, im nördliche Drittel erheben sich ihre höchsten Berge: der 130 Meter hohe Lüßberg östlich von Unterlüß, der 119 Meter hohe Hausselberg südlich von Gerdehaus und der 102 Meter hohe Wietzer Berg bei Müden. Obwohl der im Naturschutzgebiet Lüneburger Heide gelegene 169 Meter hohen Wilseder Berg die höchste Erhebung der gesamten Heide ist, hat die Südheide alles in allem ein bewegteres Landschaftsbild. Eine Besonderheit, die es im Norden nicht gibt, sind die Kieselgur-Gruben.
Start der **Radtour** ist **Hermannsburg, Ludwig-Harms-Haus** in der ***Lotharstraße/Ecke Harmsstraße***. Wir fahren in die ***Harmsstraße***, biegen bei der Bäckerei links in den ***Lutterweg*** ein und erreichen über die ***Waldstraße*** die Straße ***Lutter***, von der wir rechts in den ***Lutterbach*** einbiegen. Am Ende führt links (!) ein Weg über eine ***Brücke*** nach Weesen. Man fährt an einigen Fischteichen vorbei (leicht rechts halten) in den Wald. Wir folgen dem Verlauf des Weges, passieren eine ***Schutzhütte***, an der großen Gabelung mit Bank halten wir uns rechts nach Weesen.
In **Weesen** angekommen, fahren wir am Trafohäuschen rechts, überqueren den Bach und fahren links in den ***Postweg***.

Das Taubenhaus in Lutterloh mit seinem abgestuften Dach fällt jedem Besucher sofort ins Auge.

An einer Eiche mit Bank bitte links halten (Fünf-Tonnen-Schild), beim Wegpilz geradeaus weiter. Leicht bergan geht es nach ***Lutterloh*** auf einem Asphaltweg, der bald in einen durch Pfähle abgegrenzten Radweg längs des Waldweges übergeht. Auf dem ***Raakamper Weg*** fahren wir durch **Lutterloh**, das sich in einem Bachgrund sehr lang hinzieht. Der alte Dorfteil liegt in der ***Dorfstraße***, in die wir links einbiegen. Links der Dorfstraße sieht man einen Hof, in dessen Geviert aus Fachwerkhäusern ein ausgesprochen schönes Taubenhaus steht, wie man es selten zu sehen bekommt. Kurz darauf, bei einem Treppenspeicher, biegen wir rechts in den ***Theerhofer Weg*** ein. Hof Dorfstraße 11 gilt übrigens als Geburtsort des Kaisers Lothar III. (1075 – 1137).
Der schnurgerade Asphaltweg führt von Lutterloh leicht bergan in ein prächtiges Waldgebiet. An der Kreuzung von vier Asphaltwegen fahren wir rechts in Richtung ***Schröderhof***. Kurz darauf biegen wir links in den Asphaltweg ***Siedenholzbahn*** ein, der durch den ***Franzosengrund*** führt. Am Wegabzweig ***Schafstall*** halten wir uns geradeaus nach ***Unterlüß***, an ei-

nem neuen Fachwerkhaus am Wegrand fahren wir links. Der Weg führt leicht bergan und wird von einem separaten Radweg begleitet. Der nun beginnende Wald gehört zu den schönsten der Südheide: Hohe Tannen stehen zu beiden Seiten des Weges, allmählich setzen sich hohe Buchen durch, mächtige Eichen kommen hinzu. Leicht bergab erreichen wir die Landstraße ***Hermannsburg-Unterlüß***, in die wir rechts einbiegen (Radweg). Auf der ***Hermannsburger Straße*** fahren wir nach Unterlüß hinein in Richtung Bahnhof.

Unterlüß verdankt seine Existenz dem Bau der Bahnlinie Hannover-Harburg und dem Truppenübungsplatz Unterlüß, der sich nördlich der Gemeinde erstreckt. In Unterlüß lebte sehr zurückgezogen der Maler und Grafiker Albert König (1881–1944), dem in seinem Wohnhaus in der Albert-König-Straße ein kleines **Museum** samt Ausstellung seiner Bilder gewidmet ist. Unter den Heide-Malern gilt König als Porträtist der Bäume und Maler der Kieselgur-Gruben, die es bei Neuohe und an anderen Orten gibt.
In Unterlüß benutzen wir am ***Bahnhof***

Museum Hösseringen: Im Brümmerhof von 1775 kann man das Arbeitsleben in einem Heidehof kennenlernen.

22 Von Hermannsburg über Lutterloh nach Hösseringen

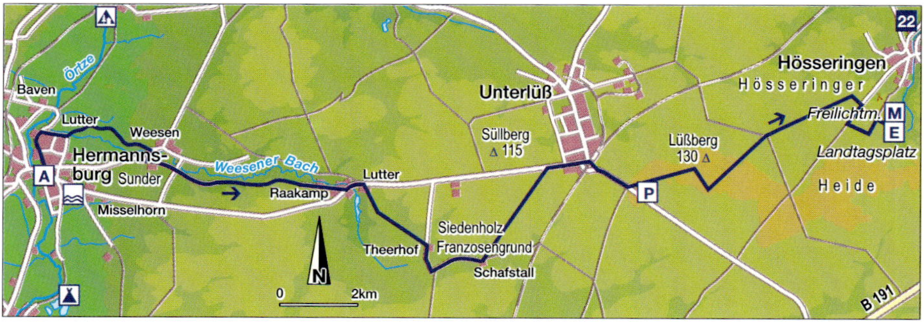

linker Hand den ***Tunnel*** in die ***Weyhäuser Straße***, die leicht bergan aus dem Ort hinausführt (Radweg). Nach etwa einem Kilometer auf dem schmalen Radweg erreichen wir einen ***Wanderparkplatz***, wo wir links in den Wald fahren. Nach etwa 1700 Metern, unterhalb des ganz mit Wald bedeckten Lüßberges, biegen wir rechts ab, nach knapp 700 Metern, an einer großen Kreuzung mit Bank, halten wir uns links. Knapp zwei Kilometer weiter, an einem Wegpilz, fahren wir geradeaus. Nach etwa 2,5 Kilometern, bei einem grünen Stromkasten, fahren wir rechts. Nach 300 Metern, bei einem Wegpilz (T-Kreuzung) – links kommt man auf dem ***Heerweg*** nach ***Hösseringen*** – biegen wir zum **Freilicht-Museum** rechts ab.

Nach etwa 600 Metern geht es wiederum links, nach weiteren 600 Metern abermals links. Geradeaus kommt man zum Museum. Mittelpunkt des **Museums Hösseringen** ist der Brümmerhof von 1775 aus Moide bei Wietzendorf. Ganz in der Nähe des Museums führt ein Weg durch den Wald zum **Landtagsplatz**. Dort tagte im 16. und 17. Jh. die »Landschaft«, das Ständeparlament des Fürstentums Lüneburg. Die Sitzsteine mit Ortsnamen sind aber erst in den Dreißiger Jahren unseres Jahrhunderts aufgestellt worden (siehe auch Tour 25).

Radverleih
Reisebüro Espe, Lotharstr. 4, 29320 Hermannsburg, Tel. 05052/6001; Reineke, Müdener Str. 52, 29345 Unterlüß, Tel. 05827/1640.

Übernachtungen unterwegs
Goldene Kugel, Müdener Str. 19, 29345 Unterlüß, Tel. 05827/1633; Waldhotel Bötzelberg, Im Spring 8, 29556 Suderburg (Hösseringen), Tel. 05826/1467.

Einkehrmöglichkeiten
Reithof Südheide, Postweg 2 – 4, 29320 Hermannsburg (Weesen), Tel. 05052/2088; Haus am Landtagsplatz, Museumsdorf, 29556 Suderburg (Hösseringen), Tel. 05826/7593 (Montag Ruhetag).

Öffnungszeiten
Albert-König-Museum, Albert-König-Str. 10, 29345 Unterlüß, Tel. 05827/369, Mai – Okt. Di – So 14.30 – 17.30 Uhr, Nov. – April Sa und So 14.30 – 17.30 Uhr; Museumsdorf Hösseringen, Am Landtagsplatz, 29446 Suderburg-Hösseringen, Tel. 05826/1774, 1. April – 14. Juni Di – Sa 14 – 17.30 Uhr, So 10.30 – 17.30 Uhr, 15. Juni – 15. Sept. Di – So 10.30 – 17.30 Uhr, 16. Sept. – 31. Okt. Di – Sa 14 – 17.30 Uhr, So 10.30 – 17.30 Uhr, übrige Zeit So 10.30 Uhr bis zur Dunkelheit.

Auskunft
Verkehrsverein Hermannsburg, Harmsstr. 3 A, 29320 Hermannsburg, Tel. 05052/8055; Verkehrsverein Hardautal, 29556 Suderburg, Tel. 05826/1616.

Landkarten
Radwanderkarte RC 3126 Uelzen 1:75 000.

23 Von Uelzen über Oldendorf nach Bad Bevensen

Uelzen – Oldenstadt – Jastorf – Klein Bünstorfer Heide – Bad Beversen – Kloster Medingen

Ausgangsort
Uelzen, Anfahrt mit der Bahn.

Zielpunkt
Bad Bevensen, Rückkehr mit der Bahn.

Gesamttourenlänge
22 km.

Zeitbedarf
2 ½ Stunden Fahrtzeit.

Etappen
3,5 km bis Oldenstadt, 10,5 km bis Jastorf, 3 km bis Klein Bünstorfer Heide, 3 km bis Bad Bevensen, 2 km bis Kloster Medingen.

Steigungen
Mäßige Steigungen bis zu 15 m.

Geländestruktur
Sanftwellige Hügellandschaft.

Sehenswertes
Klosterkirche Oldenstadt, Kanalbrücke des Elbe-Seitenkanals über die Ilmenau, Kloster Medingen.

Wegmarkierungen
Wegweiser.

Empfehlenswerter Radtyp
Tourenrad mit Gangschaltung.

Die folgende Radtour – fast eine »Kulturtour« (Klosterkirche, Kloster) – führt durch die reizvolle Hügellandschaft längs des Elbe-Seitenkanals und der Ilmenau.
Start der **Radtour** ist der **Bahnhof Uelzen**, den wir durch den *Ausgang ZOB* verlassen. Wir halten uns auf dem Bahnhofsvorplatz rechts und radeln durch die *Hoefftstraße* auf die **Heiligen-Geist-Kapelle** zu.
Das Kirchlein wurde zu Beginn des 14. Jahrhunderts erbaut und birgt einen spätgotischen Flügelaltar von 1510. Am **Uelzener Hof**, einem reich verzierten Fachwerkhaus von 1647, biegen wir rechts in die *Lüneburger Straße* ein. Geradeaus kommt man zum *Rathaus* und zur *Marienkirche.* Aber schon nach etwa hundert Metern führt links die *Doktorenstraße* ab. Geradeaus kommt man zur *Brückenstraße*, auf der schmalen Fußgängerbrücke (bitte absteigen) überquert man die *Ilmenau.* Geradeaus geht es durch den Park, am DRK-Haus vorbei. Vor dem *Friedhof* biegt die Route kurz links ab und führt rechts durch die *Lindenstraße* stadtauswärts. Am Straßenende geht es auf einem Radweg über die *Wipperau*, anschließend in einem weiten Bogen unter dem *Elbe-Seitenkanal* hindurch.
Der 115 Kilometer lange Kanal verbindet die Elbe mit dem Mittellandkanal. In **Oldenstadt** angekommen, dem ehemaligen Ullishusen, fahren wir auf der *Meyerholzstraße* bis zum »Platz«.
Von dort erreicht man rechts die **Klosterkirche**, einen Feldsteinbau aus dem 12. Jahrhundert. Die zwei Rundtürme der romanischen Basilika wurden 1654 abgetragen. Zurück am »Platz«, führt die Route die *Molzener Straße* (rechts halten) leicht bergan. Am Ende der Straße (links beginnt die *Schützenstraße*) biegen wir rechts in einen Feldweg ein. Geradeaus geht es auf dem *Schulsteig* durch den Wald. Nach exakt 1,3 Kilometern fahren wir halbrechts zur *Brücke* über die *Wipperau.*
Dahinter erreichen wir **Woltersburg**. Wir biegen links ein und verlassen das Dorf nach **Molzen**, dessen Kirche schon von weitem zu sehen ist. Auf der Straße *Wip-*

perau überqueren wir den gleichnamigen Bach und folgen dem Verlauf der Straße ins Dorf. Halbrechts in die ***Molzener Kirchstraße***, links in die Straße ***Am Rittergut***, wieder links in die ***Uelzener Straße***, anschließend in die Straße ***Zum Brandgehege*** – so fährt man am besten

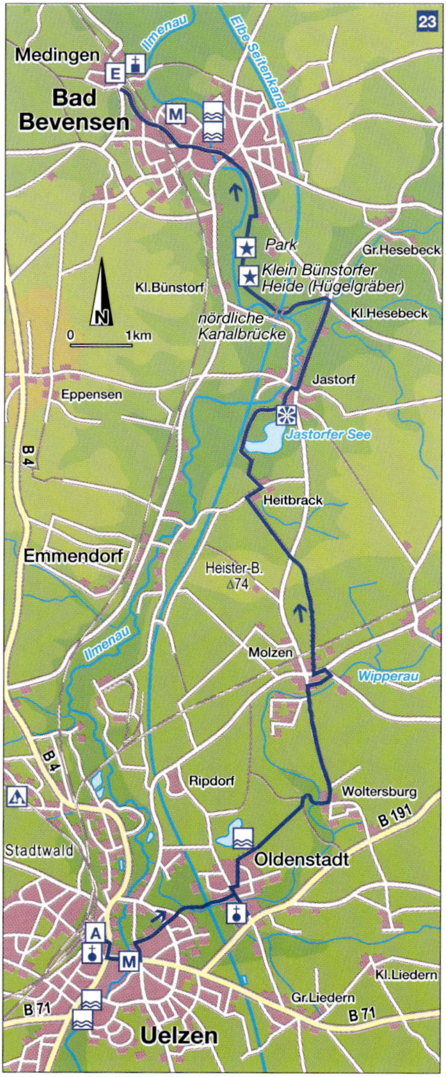

durch Molzen. Über das Bahngleis radeln wir auf schmaler Asphaltstraße bergan in Richtung Heitbrack. Auf der Kuppe führt links ein sandiger Weg zur Landstraße, die wir vorsichtig überqueren. Die flachwellige Landschaft ist hier, obwohl keineswegs heidetypisch, aufgrund der schmalen Gehölzstreifen, Äcker und Weiden recht abwechslungsreich. Bergab geht es nach **Heitbrack**. Hinter dem Ortsschild radeln wir rechts und fahren am Trafohäuschen links nach Jastorf. Wir folgen dem Verlauf der Asphaltstraße auf den Elbe-Seitenkanal zu. Rechts ist der **Jastorfer See** zu sehen, der 1974 – 1976 beim Bau des Elbe-Seitenkanals entstand. Am Deichfuß entlang fahren wir auf **Jastorf** zu. Linker Hand überquert der Kanal auf der südlichen Kanalbrücke ein erstes Mal die ***Ilmenau***. In Jastorf – vor dem Dorfteich führt rechts ein Pfad zum Ufer des **Jastorfer Sees** (***mit Aussichtsturm***) – halten wir uns auf dem ***Schanzenweg*** links, überqueren die Vorfahrtsstraße und radeln auf der ***Schützenstraße*** in Richtung **Klein Hesebeck**.

An der stark befahrenen Landstraße wenden wir uns mit Bedacht nach links, überqueren die Ilmenau und fahren nach 50 Metern links in die schmale Asphaltstraße, die zum ***Elbe-Seitenkanal*** zurückführt, der hier auf der nördlichen Kanalbrücke wiederum die Ilmenau kreuzt. Der Kontrast zwischen der Ilmenau-Niederung und der mächtigen Brücke könnte kaum größer sein. Der Weg führt über eine Anhöhe, bei den ersten Häusern von **Klein Bünstorf** geht es ***An den Teichen*** rechts weiter. Rechter Hand erstreckt sich die **Klein Bünstorfer Heide** mit 59 bronzezeitlichen **Grabhügeln** (1500 v. Chr.), das größte bronzezeitliche Gräberfeld Europas.

An den Wanderwegen findet man Bänke vor, die zur Rast einladen; auch hier gibt

In Medingen steht dieses wunderschöne Herrenhaus, das Herzog Ernst von Braunschweig-Lüneburg 1541 errichten ließ.

es einen **Hermann-Löns-Gedenkstein.** Weiter auf dem Weg liegt rechts der Park des Hamburger Krankenhauses. Hinter der Rechtskurve biegt links der Weg *Schöne Aussicht* ab. An einigen Häusern vorbei erreichen wir **Bad Bevensen**. Wir halten uns am Wegende geradeaus und erreichen die *Demminer Allee*. Die Route führt gegenüber halblinks auf einem Radweg durch einen Park zur Ortsmitte (der Fußgängerüberweg mit Ampel liegt ein Stück rechts). Jenseits des Parks erreicht man auf der *Brückenstraße* über die Ilmenau die Fußgängerzone der *Lüneburger Straße*, wo man die Fahrräder schieben sollte. (Zum Bahnhof fährt man von der Lüneburger Straße links über *Rathausstraße* und *Lindenstraße*.)
Wir wenden uns von der Lüneburger Straße rechts in den *Krummen Arm*, vorbei an der schönen *Ratsapotheke*, unterqueren den Bahndamm und radeln auf der *Medinger Allee* durch schönen Buchen- und Eichenwald nach **Medingen**. Schilder weisen den Weg rechts durch die *Mühlenstraße* zum Kloster.

Kloster Medingen ist ein erstaunlicher, spätbarocker, schloßähnlicher Putzbau – erstaunlich deshalb, weil sonst der herbe Braunton des Backsteins die Heideklöster bestimmt.
Das 1336 an diesem Ort erbaute Zisterzienserinnenkloster brannte 1781 nieder und wurde auf Anordnung König Georgs III. von England, Kurfürst von Hannover, wieder aufgebaut – was insofern außergewöhnlich ist, als damals kaum Bauten finanziert werden konnten. Landbaumeister Christian Ludwig Ziegler gelang eine residenzartige Klosteranlage mit einer von Putzbändern geschmückten Kirche und einer Rundhalle im Zentrum sowie langgestreckten Flügelbauten. Größter Schatz des Klosters sind der Krummstab der Äbtissinnen und die Statuette des heiligen Mauritius aus der Hand des Lüneburger Meister Hermen Worm, beide vom Beginn des 16.Jahrhunderts. Im Sommer werden in der Klosterkirche Konzerte veranstaltet.

Radverleih
Anfrage beim Städtischen Verkehrsbüro Uelzen.

Übernachtungen unterwegs
Hotel Vier Linden, Bevenser Str. 1 – 3, 29549 Bad Bevensen, Tel. 05821/5440.

Einkehrmöglichkeiten
Uelzener Hof, Lüneburger Str. 47, 29525 Uelzen, Tel. 0581/9093-0; Bevenser Hof, Krummer Arm 10, 29549 Bad Bevensen, Tel. 05821/41967.

Öffnungszeiten
Kloster Medingen, 29549 Bad Bevensen, Tel. 05821/2286, Führungen: 1. April – 15. Okt. (außer Karfreitag und 23./24. Aug.) Di – Sa 10 Uhr, 14 – 17 Uhr, So 11 Uhr, 14 – 17 Uhr.

Auskunft
Städtisches Verkehrsbüro Uelzen, Herzogenplatz 5, 29525 Uelzen, Tel. 0581/800132; Kurverwaltung Bad Bevensen, Kurzentrum, 29549 Bad Bevensen, Tel. 05821/570; Bahnhof Bad Bevensen, Tel. 05821/7565.

Landkarten
Radwanderkarte RC 3126 Uelzen 1:75 000.

24 Rund um Bad Bevensen

Bad Beversen – Gollern – Röbbel – Höver – Westersunderberg – Weste – Testorf – Jastorf – Bad Bevensen

Ausgangsort
Bad Bevensen, Anfahrt mit der Bahn.

Zielpunkt
Rundfahrt.

Gesamttourenlänge
30 km.

Zeitbedarf
2 Stunden Fahrtzeit.

Etappen
12 km bis Weste, 11 km bis Jastorf, 7 km bis Bad Bevensen.

Steigungen
Viele Steigungen bis zu 25 m.

Geländestruktur
Lebhaft bewegte Hügellandschaft mit dem Elbe-Seitenkanal und der Ilmenau-Niederung.

Sehenswertes
Verschiedene Rundlinge, Jastorfer See, Elbe-Seitenkanal, Ilmenau.

Wegmarkierungen
Wegpilze.

Empfehlenswerter Radtyp
Tourenrad mit Gangschaltung.

Die folgende Radtour führt in das lebhaft bewegte Hügelland südöstlich von Bad Bevensen. Dort sind »klassische« Sehenswürdigkeiten zwar etwas rar, doch ist die Landschaft dafür um so schöner. Da nur wenige Gaststätten am Wegesrand liegen, sollte man einen Picknick-Korb mitnehmen.

Bad Bevensen darf mit der jodhaltigsten **Solequelle** Deutschlands werben. Die etwa 30 Grad warme Quelle speist ein **Thermal-Jod-Sole-Bewegungsbad** und ein Freibad. Ein Brand im Jahre 1811 zerstörte die meisten historischen Gebäude der Stadt. Über die Vor- und Frühgeschichte informiert das **Museum Schliekau** in der *Kurzen Straße 4*, nahe der *Lüneburger Straße*. Die Privatsammlung zeigt ferner Hausrat, Waffen aus aller Welt sowie Mineralien und Gesteine nicht nur der Heide.

Eines der schönsten Bauwerke der Stadt ist die efeuberankte **Ratsapotheke** im *Krummen Arm*, ein ansehnlicher Fachwerkbau. (Zum *Kloster Medingen siehe Tour 23*.)

Start der **Radtour** ist die ***Brückenstraße*** an der Ilmenau. Wir fahren an dem Jugendstil-Brunnen vorbei in Richtung Göhrde-Apotheke. Dort wechseln wir an der Ampel die Straßenseite und fahren auf der ***Göhrdestraße*** und der ***Röbbeler Straße*** stadtauswärts. Kurz hinter der Brücke über den Elbe-Seitenkanal biegen wir links in den Wald ein, fahren kurz darauf wiederum links und folgen dem Verlauf der Straße am Kanal entlang. Nach 300 Metern, bei einem Wegpilz, fahren wir scharf rechts und erreichen auf dem ***Gollerner Weg*** nach gut zwei Kilometern eine Kreuzung. Die Route führt

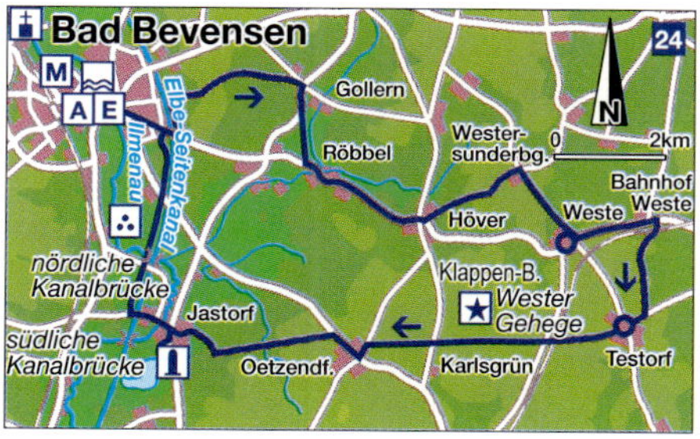

Am Elbe-Seitenkanal bei Bad Bevensen läßt sich ausgezeichnet radeln – und zu sehen gibt es auch immer etwas.

rechts nach Röbbel weiter, doch wer alte Dorfkirchen schätzt, sollte einen Abstecher geradeaus nach **Gollern** nicht scheuen (im Dorf rechts halten). Die sogenannte **»Burgkapelle«**, um 1200 errichtet, war einst Teil einer Festung.
Zurück an der Kreuzung, fahren wir links (von Gollern aus gesehen) nach Röbbel. In der Rechtskurve der Landstraße halten wir uns geradeaus. In **Röbbel** fahren wir links in die ***Wilhelmstraße***. Auf der Landstraße geht es weiter nach **Höver**. Hinter der neugotischen **Kirche** fahren wir links den Hügel hoch. Fünfzig Meter hinter dem Waldrand schwenkt der Weg links, dann rechts zu den wenigen Häusern von **Westersunderberg**. Hinter dem Hof fahren wir rechts bergab nach **Weste**. Das Dorf ist außergewöhnlich schön, so daß es sich lohnt, die kreisförmige Dorfstraße abzuradeln. Unterwegs kommt man an dem kleinen Fachwerkturm der Kirche vorbei.
Die schönsten Bauernhäuser stehen innerhalb der ***Ringstraße***: Man entdeckt zum Beispiel einige der in der Heide recht seltenen Vierständerhäuser. Sie sind in der Nutzung vielfältiger als das Zweiständerhaus, das auf nur zwei im Innern verlaufenden Ständerreihen ruht. Die kreisförmige Straße läßt vermuten, daß Weste ehemals ein Rundling war.

Der kürzeste Weg nach **Weste-Bahnhof** führt hundert Meter vor der Kirche (von Westersunderberg aus gesehen) links ab. In Weste-Bahnhof fahren wir am Gasthaus Cordes vorbei durch den Ort und biegen rechts in die schmale Asphaltstraße nach **Testorf** ein. Auch dort läßt die ringartige Dorfstraße erkennen, daß Testorf einst ein Rundling war. Einige der inneren Höfe stehen noch mit dem Giebel zum Dorfplatz. Rundlinge gehen auf slawische Siedler zurück.
Von der ***Dorfstraße*** fahren wir nach Oetzendorf. Der Weg führt über ein ***Bahngleis***, überquert die Landstraße und verläuft durch das ***Wester Gehege***. Dahinter überqueren wir zwei weitere Landstraßen und fahren geradeaus nach **Oetzendorf**. Wir verlassen Oetzendorf auf der Straße nach ***Klein Hesebeck*** und fahren auf der Hügelkuppe links nach Jastorf. Von der Anhöhe hat man einen ausgezeichneten Fernblick über das Hügelland bei ***Bad Bevensen***. Der Asphaltweg führt recht steil bergab und entschädigt für die Mühsal der zurückliegenden Steigungen. In **Jastorf**, das durch prähistorische Funde bekannt wurde (Jastorf-Kultur), sollte man sich den **Jastorfer See** nicht entgehen lassen: Dazu radelt man links und fährt rechts am Orientierungsplan vorbei. Hinter dem **Dorfteich** folgt man dem Schild zum nahen See (mit ***Aussichtsturm***), einem Naturschutzgebiet. Der Jastorfer See wurde 1974 – 1976 ausgehoben, als man beim Bau des Elbe-Seitenkanals große Erdmassen für den Dammbau benötigte. Zurück vom See, fahren wir am Ortsplan links unter dem ***Elbe-Seitenkanal*** hindurch, der hier mittels einer ***Kanalbrücke*** die Straße überquert. Von den Schiffen sieht man hoch oben nur die Aufbauten, die langsam über den Damm »kriechen«. Kurz hinter der Brücke kann man das Rad rechts hoch schieben – oder man fährt 200 Meter weiter und benutzt die Auffahrt. Eine kurze Strecke führt der Weg am Dammfuß weiter, dann fährt man hoch auf den Damm. Von oben hat man aus fast zwanzig Meter Höhe einen ausgezeichneten ***Rundblick***. Es ist erstaunlich, wie hoch hier der Kanal geführt werden mußte, um die ***Ilmenau-Niederung*** zu überqueren. Auf dem linken Kanaldamm fahren wir weiter nach Norden (hier bitte aufpassen, es gibt kein Geländer zum Kanal), passieren die nördliche Kanalbrücke mit schöner Aussicht auf die Ilmenau-Niederung, fahren hinter der Anlegestelle links, erreichen in einem Linksschwenk die ***Paracelsus-Straße*** und wenden uns rechts in die ***Albert-Schweitzer-Straße.*** Von dort erreichen wir links auf der ***Röbbeler Straße*** die Stadtmitte.

Radverleih
Totenhöfer, Krummer Arm 4, Tel. 05821/2068, und Röbbeler Str. 18, Tel. 05821/41614, 29549 Bad Bevensen.

Übernachtungen unterwegs
Bevenser Hof, Krummer Arm 10, 29549 Bad Bevensen, Tel. 05821/41967.

Einkehrmöglichkeiten
Kaffeemühle, Brückenstr. 5, 29549 Bad Bevensen, Tel. 05821/3383; Gasthaus Cordes, Am Bahnhof 17, 29599 Weste (Weste-Bahnhof), Tel. 05828/220, Montag Ruhetag; Gasthaus Heitmann, Hauptstr. 11, 29599 Weste (Höver), Tel. 05805/655, Mittwoch Ruhetag.

Öffnungszeiten
Museum Schliekau, Kurze Str. 4, 29549 Bad Bevensen, Tel. 05821/1384, Führung Mo 16 Uhr, Okt. – Mai geschl.

Auskunft
Kurverwaltung Bad Bevensen, Kurzentrum, 29549 Bad Bevensen, Tel. 05821/570.

Landkarten
Radwanderkarte RC 3126 Uelzen 1:75 000.

25 Von Uelzen über Suderburg und Hösseringen nach Unterlüß

Uelzen – Holdenstedt – Holxen – Suderburg –Hardausee – Hösseringen – Museum Hösseringen – Unterlüß

Ausgangsort
Uelzen, Anfahrt per Bahn.

Zielpunkt
Unterlüß, Rückfahrt per Bahn.

Gesamttourenlänge
35 km.

Zeitbedarf
3 ½ Stunden Fahrtzeit.

Etappen
9 km bis Holdenstedt, 7 km bis Suderburg, 8 km bis zum Museum Hösseringen, 11 km bis Unterlüß.

Steigungen
Mehrere Steigungen bis zu 20 m.

Geländestruktur
Sanfthügelige Wald- und Ackerlandschaft mit dem Hardausee und dem Hardautal.

Sehenswertes
Museum Holdenstedt, Hardausee, Hardautal, Museum Hösseringen.

Wegmarkierungen
Wegweiser.

Empfehlenswerter Radtyp
Tourenrad.

Die folgende Route empfiehlt sich besonders für historisch interessierte Radler, führt die Halbtagestour doch an zwei Museen und dem alten Landtagsplatz vorbei (Badesachen nicht vergessen).
Start der **Radtour** ist der **Bahnhof Uelzen**, den wir durch den *Ausgang* zum *ZOB* verlassen. Wir halten uns auf dem Bahnhofsvorplatz halbrechts und radeln durch die *Hoefftstraße* auf die *Heiligen-Geist-Kapelle* zu. Am **Uelzener Hof**, einem Fachwerkhaus von 1647, biegen wir rechts in die *Lüneburger Straße* ein. Es geht am Rathaus und der Sparkasse vorbei, an der Uelzener Allgemeinen Versicherung halten wir uns halbrechts in die *Veerßer Straße (Radweg)*, die in die *Celler Straße (Bundesstraße 4* und *191)* übergeht. Hinter der Esso-Tankstelle biegen wir links in den *Niendorfer Weg* ab, der geradeaus in den Wald führt, links fließt tief im Tal die *Stederau*. Kurz hinter einem einzelnen Haus folgen wir dem Verlauf des Weges nach links, dann halten wir uns geradeaus und radeln auf eine Weidefläche zu. Von rechts führt der Bahndamm heran. Am Ortsbeginn von **Niendorf II** fahren wir rechts über die Bahnlinie auf dem *Stadtweg* aus dem Ort hinaus nach **Holdenstedt**. Dort überqueren wir die *Bundesstraße 3* und fahren in die **Schloßstraße**.
Das **Heimatmuseum** in **Schloß Holdenstedt** stellt Exponate zur Stadtgeschichte Uelzens vor sowie die bedeutende Röversche Gläsersammlung. Das barocke Schloß wurde 1700 – 1708 von Ludwig von der Wense gebaut. Wir fahren die Schloßstraße ein Stück zurück und biegen links in die Straße *An der Hardau* ein, dann links in die *Blumenstraße*, die in Richtung *Klein Süstedt* führt. Nach wenigen hundert Metern fahren wir links nach **Holxen** (ohne Radweg). Im Dorf führt links die Straße *An der Mühle* über die *Hardau*.
Die **Wassermühle** von 1765 hat immer noch ein intaktes Mühlrad, wie man von der Straße aus sehen kann, die sich kurz darauf gabelt. Dort halten wir uns rechts

Am Landtagsplatz bei Hösseringen traf sich im 16. und 17. Jahrhundert das Ständeparlament des Fürstentums Lüneburg.

und fahren aus dem Ort hinaus. Die schmale Asphaltstraße führt die Kuppe hoch und in den Wald der Holxer Heide hinein. Rechts fahren wir auf etwas holprigem Weg nach **Suderburg**. Auf dem ***Heideweg*** kommen wir in den Ort, biegen links ab zur ***Napoleonsbrücke*** und fahren rechts auf der Hauptstraße einige hundert Meter weiter, bis links, bei einer Telefonzelle, die ***Burgstraße*** abbiegt. Dort steht die **St. Remigiuskirche**, ein Fachwerkbau von 1753 mit barockem Kanzelaltar von 1751. Der wuchtige Rundturm aus Feldsteinen stammt noch aus romanischer Zeit und war Teil einer Schutzburg. Auf der Straße ***Im Hussen*** geht es aus Suderburg hinaus. Linker Hand trifft man auf einen Schafstall, dahinter fährt man auf einem Radweg nach Hösseringen. Rechts blinkt der **Hardausee** (mit Badegelegenheit) durch die Bäume, bei Kilometer 3,1 kommt man rechts zu einem ***Grillplatz*** mit Raststätte. Wir radeln geradeaus auf der ***Suderburger Straße*** weiter nach **Hösseringen**, fahren auf der ***Heerstraße*** am Mühlenteich vorbei, biegen links in die ***Bauernstraße*** ein und folgen dem Wegweiser zum Museum und zum Landtagsplatz. Das Mittelpunkt des **Museums Hösse-**

Nach einer anstrengenden Radtour ist eine Rast an einem ruhigen Seeufer genau das Richtige.

ringen ist der Brümmerhof von 1775 aus Moide bei Wietzendorf, ein Zweiständerhaus mit Döns (das ist die gute Stube), dem Flett (der Arbeitsdiele) und dem Stall, wo man die zwei Reihen der innenstehenden Eichenstempel gut sehen kann, die diesem weitverbreiteten Haustyp den Namen gaben. Auf ihnen ruht das ganze Dach mit dem Speicher. Das Vieh – Heide-Kühe waren früher recht klein – stand in den Abseiten, mit dem Kopf nach innen. Bei einem Spaziergang durch das weitläufige Museumsdorf trifft man auch auf einen Imkerspeicher mit altem Arbeitsgerät des für die Heidebauern so wichtigen Erwerbszweiges. Letztlich brachte nur der Honig – einziger Süßstoff weit und breit – den Bauern etwas Geld ein.
Hinter dem Museum führt ein schmaler Weg durch den Wald zum **Landtagsplatz**. Dort tagte im 16. und 17. Jahrhundert die »Landschaft«, das Ständeparlament des Fürstentums Lüneburg. Der Findling wurde 1902 aufgestellt, die Sitzsteine mit Ortsnamen sind ein Werk der dreißiger Jahre unseres Jahrhunderts.
Die Weiterfahrt bedarf – wegen verschiedener Wegweiser – einer guten Orientie-

rung: Auf dem Weg, der zum Museum führt, fahren wir etwa 300 Meter weiter in den Wald und biegen bei einem ***Findling rechts*** ab. Nach etwa 600 Metern geht es wiederum ***rechts*** auf der ***Heerstraße*** in Richtung ***Hösseringen***. Bei einem Wegpilz biegen wir links ab, an einem grünen Stromkasten führt der Radweg nach ***Unterlüß*** links ab (am Wegpilz).

Nach knapp 2,5 Kilometern (Wegpilz) halten wir uns links. Knapp zwei Kilometer weiter, an einer großen Kreuzung mit Bank, geht es rechts nach Unterlüß. Nach knapp 700 Metern – links nach Unterlüß. An der Landstraße angekommen, fahren wir nach rechts und erreichen auf dem Radweg **Unterlüß**. Kurz vor der Überführung fährt man am besten rechts und erreicht durch den Tunnel den Bahnhofsvorplatz.

Radverleih
Anfrage beim Städtischen Verkehrsbüro Uelzen.

Übernachtungen unterwegs
Uelzener Hof, Lüneburger Str. 47, 29525 Uelzen, Tel. 0581/9093-0; Waldhotel Bötzelberg, Im Spring 8, 29556 Suderburg (Hösseringen), Tel. 05826/1467.

Einkehrmöglichkeiten
Café Schloß Holdenstedt, Schloßstraße, 29525 Uelzen (Holdenstedt); Haus am Landtagsplatz, Museumsdorf, 29556 Suderburg (Hösseringen), Tel. 05826/7593 (Montag Ruhetag).

Öffnungszeiten
Heimatmuseum Schloß Holdenstedt, Schloßstraße, 29525 Uelzen (Holdenstedt), Tel. 0581/800127, April – Okt. Di – Sa 14.30 – 17 Uhr, So 11 – 17 Uhr, übrige Zeit eingeschränkt; Museumsdorf Hösseringen, Am Landtagsplatz, 29446 Suderburg (Hösseringen), Tel. 05826/1774, 1. April – 14. Juni Di – Sa 14 – 17.30 Uhr, So 10.30 – 17.30 Uhr, 15. Juni – 15. Sept. Di – So 10.30 – 17.30 Uhr, 16. Sept. – 31. Okt. Di – Sa 14 – 17.30 Uhr, So 10.30 – 17.30 Uhr, übrige Zeit So 10.30 Uhr bis zur Dunkelheit; Albert-König-Museum, Albert-König-Str. 10, 29345 Unterlüß, Tel. 05827/369, Mai – Okt. Di – So 14.30 – 17.30 Uhr, Nov. – April Sa, So 14.30 – 17.30 Uhr.

Auskunft
Städtisches Verkehrsbüro Uelzen, Herzogenplatz 5, 29525 Uelzen, Tel. 0581/800132; Verkehrsverein Hardautal, 29556 Suderburg, Tel. 05826/1616; Reisezugauskunft Lüneburg, Tel. 04131/19419.

Landkarten
Radwanderkarte RC 3126 Uelzen 1:75 000.

26 Von Uelzen über Ebstorf nach Lüneburg

Uelzen – Bobenwald – Ebstorf (Kloster) – Forst Süsing – Barnstedt – Lüneburg

Ausgangsort
Uelzen, Bahnhof.

Zielpunkt
Lüneburg, Bahnhof.

Gesamttourenlänge
47 km.

Zeitbedarf
5 Stunden Fahrtzeit.

Etappen
13 km bis Ebstorf, 17 km bis Barnstedt, 7 km bis Melbeck, 10 km bis Lüneburg.

Steigungen
Geringe, aber langgezogene Steigungen.

Geländestruktur
Sanfthügelige Waldlandschaft.

Sehenswertes
Kloster Ebstorf, Forst Süsing.

Wegmarkierungen
Wenige Radwegweiser, schwierige Orientierung im Forst Süsing.

Empfehlenswerter Radtyp
Tourenrad Tourenrad mit Kilometerzähler.

Der Ursprung der alten Hansestadt **Uelzen** liegt in der Klostersiedlung Oldenstadt, früher Ullishusen genannt. Im Norden der Altstadt trifft man auf die **Heilig-Geist-Kapelle** (1446) mit dem Marienaltar. In der Nachbarschaft stehen noch alte Fachwerkbauten. Den Mittelpunkt bilden das spätbarocke **Rathaus** von 1347, die benachbarte gotische **Marienkirche** (1292) mit schönem Chor und wertvollem Altarschrein in der Apostelkapelle sowie die Propstei.

Beginn der **Radtour** ist der *Bahnhof Uelzen*, Hauptausgang. Wir radeln die Zufahrtsstraße bergab, biegen rechts ab, fahren geradeaus weiter in die *Sternstraße* und fahren rechts durch die *Nothmannstraße* bis zum Ende. Dort beginnt halblinks der *Richard-Schirrmann-Weg*, der durch den **Stadtwald** zur *Jugendherberge* führt. Vor dem Gebäude wendet man sich links und fährt, am *Sportplatz* vorbei, etwa einen Kilometer bis zu einer großen Kreuzung, wo es rechts durch den Wald weitergeht.

Bergab erreichen wir **Westerweyhe**. Geradeaus durchqueren wir den ruhigen Ort, fahren rechts über die Bahngleise, dann über den *Stadtberg*. An der Vorfahrtsstraße fahren wir geradeaus weiter bis zum Turm der Freiwilligen Feuerwehr (Sirene), wo wir dem Wegweiser links in Richtung *Ebstorf* folgen. Auf einem Asphaltweg geht es in den Wald. Zu beiden Seiten erstrecken sich kleinere Schluchten. Der Weg führt in einer Linkskurve leicht bergan zu einem großen Schlag. An einem Strommast vorbei, passieren wir eine rotweiße Schranke und fahren in den **Bobenwald**. Der Weg führt an einem *Wall* vorbei und beschreibt eine Rechtskurve. Nach etwa 500 Metern biegen wir beim *Jagenstein 31-23-22* – Jagensteine sind die »Kilometersteine« des Waldes – links in eine schmale, knapp drei Kilometer lange Betonstraße ein. Am Wegende lädt eine gemütliche Holzbank zur Rast ein. Rechts kommt man in die **Siedlung Ebstorf**. Dort radeln wir links in die *Helmsstraße*. Nach etwa 1,5 Kilometern ist **Ebstorf** erreicht. Auf dem Mittelweg geht es bis zur *Allmelingstraße*, dann

Uelzens Rathaus stammt im Kern von 1347, das auffallende klassizistische Portal kam 1825 hinzu.

Kloster Ebstorf: Die St. Mauritiuskirche zieht immer wieder die Aufmerksamkeit der Besucher auf sich.

links bis zur ***Bahnhofstraße***, in die wir rechts einbiegen.
Bei der Georgs-Anstalt weisen Schilder den Weg zum nahen **Kloster Ebstorf**. Die erste Nachricht von einem Kloster »Ebbekestorpe« stammt aus dem Jahre 1197. Auf der Nonnenempore der Kirche steht eine Holzstatue von Mauritius, dem Schutzheiligen von Ebstorf. Bei einer Führung sollte man auf die Glasfenster im Kreuzgang und auf die Sammlung historischer Truhen achten. Berühmtheit erlangte das Kloster durch die »Ebstorfer Weltkarte«, eine im 13. Jh. geschaffene Welt-Bild-Karte. Auf ihr ist Jerusalem als Weltmittelpunkt dargestellt, Rom glänzt mit seinen sieben Kirchen, norddeutsche Städte wie Lüneburg, Braunschweig, Goslar und Bremen kommen auch zu ihrem Recht. Sogar das kleine Ebstorf ist darauf verzeichnet. Das Original wurde im Zweiten Weltkrieg zerstört, erhalten blieb eine historische Kopie der mit über zwölf Quadratmetern größten Karte dieser Art.
Auf der Hauptstraße und der ***Tatendorfer Straße*** fahren wir durch Ebstorf in Richtung ***Tatendorf*** und Hanstedt ***(Radweg)***.
In **Hanstedt**, in Sichtweite der Kirche, führt die Route rechts ab nach **Eitzen II**. Wir durchqueren das einsame Walddorf **Oechtringen** auf einem Pflasterweg, der eine weite Rechtskurve beschreibt. Nach den letzten Häusern fahren wir auf einem 300 Meter langen, schnurgeraden Weg bergan bis zu einem Wegdreieck, bei dem wir geradeaus weiter in den **Forst Süsing** fahren. Der Süsing, ein ungewöhnlich interessanter Wald mit großen Beständen an alten Eichen und Buchen, war stets ein begehrtes Jagdgebiet der Fürsten und Herzöge von weither. Exakt 600 Meter hinter dem Wegdreieck fahren wir an einem Wegpilz in den Asphaltweg rechts ein. Hier sollte man den Kilometerzähler beachten: Recht genau nach 2700 Metern schwenkt der Asphaltweg rechts weiter. Etwa 1000 Meter nach diesem Schwenk folgt ein großes ***Wegdreieck*** mit Bäumen in der Mitte und einer Bank: Hier folgen wir dem kleinen Radwegweiser nach links. Kurz darauf, an einem Schlagbaum, zeigt ein Radwegweiser ebenfalls nach links. Auf festem Waldweg geht es bergab in den ***Hellkuhlengrund***: Der Weg gabelt sich kurz darauf: Hier halten wir uns geradeaus. An der T-Kreuzung mit Findling und Wegpilz radeln wir links. An einer weiteren Kreuzung mit alten Eichen wenden wir uns rechts nach **Barnstedt**, das wir geradeaus auf einer Asphaltstraße über einen Hügel erreichen. Wir radeln durch den Ort in Richtung ***Embsen,*** am Ortsende biegen wir rechts nach ***Kolkhagen*** und ***Melbeck*** ab.

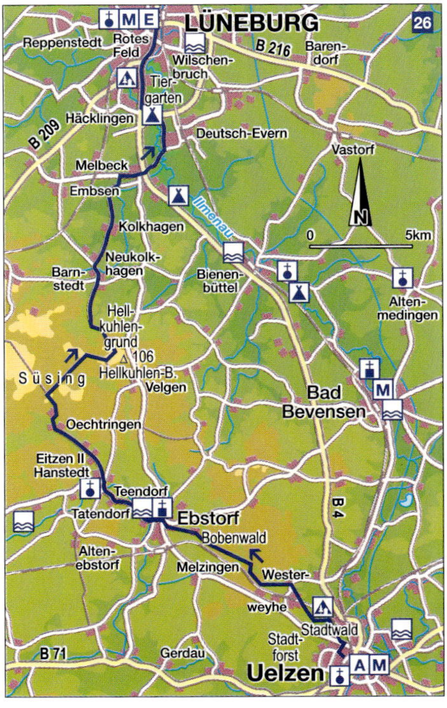

Vor **Melbeck** kann man an den Strommasten links fahren und den Ort verkehrsgünstig in einer großen Rechtskurve erreichen. Wir überqueren die ***Bundesstraße 4*** und biegen kurz hinter der ***Ilmenau*** links in die Straße ***An der Ilmenau*** ein und durchfahren **Deutsch Evern**. Die Straße endet in einer Rechtskurve, hinter der wir links die ***Brücke*** unterqueren. Kurz vor der ***Ilmenau*** liegt rechts der Straße das ***Forsthaus Rote Schleuse***, das zur Einkehr einlädt: Auf dem Dachfirst des Restaurants sitzt meist ein Pfau und hält nach Gästen Ausschau.
Kurz darauf biegen wir rechts in die ***Bundesstraße 4*** ein ***(Radweg)***, die uns ins Zentrum von Lüneburg führt. Ein Besuch im **Museum für das Fürstentum Lüneburg** ist sehr zu empfehlen: Prunkstücke sind ein 6,6 Meter langer gotischer Falttisch, der vermutlich aus der 1371 zerstörten Burg auf dem Lüneburger Kalkberg stammt, ferner Mobiliar des Lüneburger Patriziats. In dem Raritätenkabinett, den Bauernstuben, der Saline, den Abteilungen für Bürgertum, Freimaurer und dem Innungswesen kann man weitere interessante Entdeckungen machen. Ein Besuch lohnt sich.
Hinter dem Museum kommt man rechts über die ***Altenbrückertorstraße*** zum Bahnhof.

Radverleih
Anfrage beim Städtischen Verkehrsbüro Uelzen; Klippe, Celler Str. 30, 29574 Ebstorf, Tel. 05822/1340.

Übernachtungen unterwegs
Hotel Zum Heidkrug, Am Berge 5, 21335 Lüneburg, Tel. 04131/31249.

Einkehrmöglichkeiten
Hotel-Restaurant Zur Krone, Bahnhofstr. 8, 29574 Ebstorf, Tel. 05822/2477; Forsthaus Rote Schleuse, Rote Schleuse, 21335 Lüneburg, Tel. 04131/79317, Montag Ruhetag.

Öffnungszeiten
Kloster Ebstorf, Kirchplatz 10, 29574 Ebstorf, Tel. 05822/2304, Führungen: 1. April – 15. Okt. Mo – Sa 10 – 11 Uhr, 14 – 17 Uhr, So 14 – 17 Uhr; Museum für das Fürstentum Lüneburg, Wandrahmstr. 10, 21335 Lüneburg, Di – Fr 10 – 16, Sa und So 11 – 17 Uhr, Tel. 04131/43891.

Auskunft
Fremdenverkehrsverein Ebstorf, Winkelplatz, 29574 Ebstorf, Tel. 05822/2996; Fremdenverkehrsamt Lüneburg, Am Markt, 21335 Lüneburg, Tel. 04131/309593 und 32200; Reisezugauskunft Lüneburg, Tel. 04131/19419.

Landkarten
Radwanderkarte RC 3126 Uelzen 1:75 000; Radwanderkarte 7 (ehem. RC 2726) Lüneburg 1:75 000.

27 Von Winsen/Aller zu den Meißendorfer Teichen

Winsen/Aller – Südwinsen – Bannetze – Meißendorf – Gut Sunder – Winsen/Aller

Ausgangsort
Winsen/Aller, evtl. Anfahrt mit dem Ausflugsschiff »Wappen von Celle«.

Zielpunkt
Winsen (Rundtour), evtl. Rückfahrt nach Celle mit dem Ausflugsschiff »Wappen von Celle«.

Gesamttourenlänge
32 km.

Zeitbedarf
3 ½ Stunden Fahrtzeit.

Etappen
8 km bis Bannetzer Schleuse, 12 km bis Gut Sunder, 2 km bis Meißendorf, 10 km bis Winsen.

Steigungen
Keine Steigungen.

Geländestruktur
Aller-Niederung, Teichgebiet.

Sehenswertes
Aller-Niederung, Teichgebiet, Herrenhaus Gut Sunder.

Wegmarkierungen
Einige Wegweiser.

Empfehlenswerter Radtyp
Tourenrad.

Die folgende Radtour führt zu den Meißendorfer Teichen, der größten Seenlandschaft der Lüneburger Heide, ehemals eines der größten Teichgüter Norddeutschlands. Heute stehen die Gewässer zum größten Teil unter Naturschutz, allein der Hüttensee ist für alle Wasserfreunde offen. Also: Badesachen nicht vergessen.
Bei **Winsen** an der Aller siegten die Herzogssöhne Bernhard und Heinrich über die askanischen Herzöge und die Stadt Lüneburg und beendeten damit den Lüneburger Erbfolgekrieg. Noch heute erinnern die Prinzensteine mit der eingemeißelten Lilie am Weg nach Oldau an die historische Schlacht. Größte Sehenswürdigkeit der Allerstadt ist **»Dat Groode Hus«**, der Winser **Museumshof am Galgenberg**.
Mittelpunkt des Museums ist ein Zweiständerhaus von 1653 aus Winsen. Darumherum wurden eine Mehrzweckscheune (Dreiständerhaus von 1727), ein Treppenspeicher (1750, mit Imkergerät), ein Backhaus, eine Kutschenremise (1727) und ein Schweinestall aufgestellt.
Start der **Radtour** ist das **Rathaus** in Winsen. Wir fahren auf der Straße ***Am Amtshof*** über die ***Allerbrücke*** nach ***Südwinsen*** und folgen dem Verlauf der ***Neuwinsener*** und der ***Bahnhofstraße*** nach rechts. Kurz hinter dem Gasthof Allerblick biegt rechts der ***Steinförder Weg*** ab. Nach hundert Metern fahren wir rechts in den ***Hamboyweg*** und verlassen Südwinsen. Wir folgen dem Wegweiser zum ***Kalksandsteinwerk,*** fahren rechts einige hundert Meter auf der Landstraße (Radweg) und biegen hinter dem Balkan-Grill rechts in den Waldweg ***Tannenpark*** ein, der durch ein Gebiet von Wochenendhäuschen führt. Wo rechts der ***Amselweg*** beginnt, fahren wir links in den Wald. Nach etwa 800 Metern kommt man an eine Kreuzung, die mit einer ***gelben »8«*** gekennzeichnet ist: Hier fahren wir rechts und biegen in den ersten Weg links ein, einen Asphaltweg. Nach 600

Winsen an der Aller: Der Museumshof am Galgenberg macht mit dem bäuerlichen Leben der Südheide bekannt.

Metern halten wir uns wiederum rechts. Dieser Asphaltweg geht über in einen Erdweg, der eine Linkskurve beschreibt. An einem Wegdreieck links halten. Der Weg wird rechts von einem Damm begleitet, hinter dem sich alter Hudewald erstreckt. Geradeaus erreichen wir die **Bannetzer Schleuse** (mit einigen Stufen). Jenseits der Schleuse folgen wir dem Weg rechts zur Landstraße, wo wir links nach **Bannetze** fahren. Hinter dem Spielplatz führt die Route rechts in den Ochsentritt. Schnurgerade verläuft die Asphaltstraße nach Norden zu einem **Aussichtsturm** bei den **Meißendorfer Teichen**. Fachleute haben 250 Vogelarten gezählt, die in dem Feuchtgebiet brüten und rasten. Als »Gastvogel«, also auf Nahrungssuche, stellt sich gelegentlich der Fischadler ein. Vom Turm radeln wir rechts, nach Osten, auf einem guten Fahrweg. Der Weg schwenkt nach Norden zu einem zweiten **Aussichtsturm** hinter einem Birkenwäldchen. Dort geht es rechts weiter, auf

Gut Sunder bei den Meißendorfer Teichen lädt ein zu einem Besuch des Restaurants im alten Herrenhaus.

sehr holprigem Weg, der nach einigen hundert Metern besser wird. An einer Kreuzung mit einer Brücke – hier werden wir bei der Rückfahrt wieder eintreffen – geht es links auf einem breiten Fahrweg in Richtung ***Meißendorf***. In Sichtweite des Ortsschildes, kurz vor dem Endes des großen Ackers rechter Hand, fahren wir links in einen schmalen Waldweg. Am Wegende, an einer Wochenendhaussiedlung, geht es rechts auf dem Hirtenweg weiter. Wir biegen links – rechts eine Tannenschonung – in den ***Schnepfenstrich*** ein, halten uns am Wegende kurz rechts auf dem ***Bassenbusch*** und fahren links zum ***Hüttensee***. Dort kann man baden und surfen – kurz gesagt, hier ist immer etwas los.

Wir fahren den Weg ***Am Bassenbusch*** weiter nach Norden, überqueren die Landstraße und erreichen geradeaus durch eine alte Allee **Gut Sunder**. 1384 wurde das Gut zum ersten Mal erwähnt, als es von Meißendorf hierher verlegt

wurde. Daher der Name: »Gut Sunder« ist das abgesonderte Gut. 1548 wurde der Nordflügel des Haupthauses errichtet, der reich verzierte Schaugiebel ist jüngeren Datums. Im 17. Jahrhundert kam der Ostflügel hinzu, der ursprünglich frei stand. Um die Jahrhundertwende ließ Gutsherr Ernst von Schrader Fischteiche anlegen, mit 350 Hektar Wasserfläche einstmals die größte Karpfenzuchtanlage Nordwestdeutschlands. Karpfen und Schlei waren die Hauptfische. Heute ist Gut Sunder Naturschutzseminar und »Natur-Hotel« mit einem Restaurant. Das dazugehörige Naturschutzgebiet Bannetzer Moor/ Meißendorfer Fischteiche umfaßt 850 Hektar Fläche.
Wir setzen den Weg nach Norden fort und wenden uns nach rechts. An einer Rasthütte fahren wir rechts in den ***Wiesenweg***, am Ende geht es rechts über die Meiße. Hundert Meter vor der Vorfahrtsstraße biegen wir links in den ***Sunder Kirchweg*** ein, überqueren die Straße und fahren rechts in die ***Schafstrifft***, die das Dorf nach Süden verläßt. Nach knapp zwei Kilometern erreichen wir die bekannte Kreuzung ***(Markierung: gelbe 14)***, wo wir links einbiegen und immer geradeaus den Wald durchqueren. An der Landstraße angekommen, fahren wir rechts auf dem Radweg nach **Winsen**. Wir erreichen die Stadt auf der ***Meißendorfer*** Straße, rechts durch die ***Poststraße*** kommt man in die Ortsmitte.

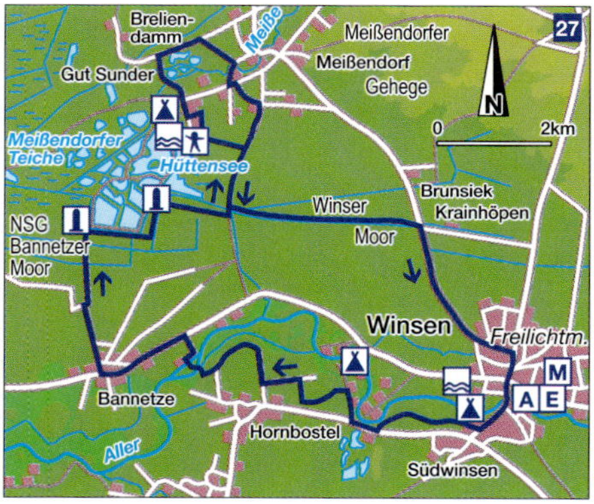

Radverleih
Boesche, Kirchstr. 8, 29308 Winsen/Aller, Tel. 05143/8095.

Übernachtungen unterwegs
Hotel Zur Post, Poststr. 19, 29308 Winsen/Aller, Tel. 05143/5005; Gut Sunder »Das Naturhotel«, 29308 Winsen/Aller (Meißendorf), Tel. 05056/367.

Einkehrmöglichkeiten
Gut Sunder »Das Naturhotel«, 29308 Winsen/Aller (Meißendorf), Tel. 05056/367 (tägl. 8 – 18 Uhr); Hotel-Restaurant Zur Post, Poststr. 19, 29308 Winsen/Aller, Tel. 05143/5005.

Öffnungszeiten
Winser Museumshof, Brauckmanns Kerkstieg, 29308 Winsen/Aller, Ostern – Okt. Mi und Sa 15 – 18 Uhr, So 11 – 18 Uhr, 15. Mai – 15. Sept. zusätzl. 15 – 18 Uhr.

Auskunft
Verkehrsamt Winsen, Am Amtshof 4, 29308 Winsen/Aller, Tel. 05143/988867; Gut Sunder (Naturschutzseminar des Naturschutzbundes Deutschland NABU), 29308 Winsen/Aller (Meißendorf), Tel. 05056/367; Ausflugsschiffe auf der Aller (»MS Wappen von Celle«), Fa. Bornemann, Friedrichstr. 11 a, 29221 Celle, Tel. 05141/7611 (mit Fahrrad-Transport).

Landkarten
Wanderplan Winsen/Aller (1:20 000).

28 Von Celle nach Wienhausen

Celle – Osterloh – Opperhausen – Wienhausen – Langlinger Schleuse – Langlingen – Nordburg – Ahnsbeck – Celle

Ausgangsort
Celle, Anfahrt per Bahn.

Zielpunkt
Rundfahrt.

Gesamttourenlänge
45 km.

Zeitbedarf
4 ½ Stunden Fahrtzeit.

Etappen
12 km bis Wienhausen, 9 km bis Langlingen, 8 km bis Ahnsbeck, 16 km bis Celle.

Steigungen
Keine.

Geländestruktur
Niederung der Aller.

Sehenswertes
Kloster, Rathaus und Mühle in Wienhausen, Nordburg.

Wegmarkierungen
Wegpilze.

Empfehlenswerter Radtyp
Tourenrad.

Wienhausen ist der kulturelle und kulinarische Mittelpunkt der folgenden Radtour, auf der Sie mit Badesachen – inklusive dem ohnehin obligatorischen Sonnenschutz – ausgerüstet sein sollten. Auch ein Picknickkorb kann nicht schaden. Anlaß zu dieser Tour könnten die zwei »Teppichwochen« ab dem Freitag nach Pfingsten sein, wenn das Kloster Wienhausen seine einzigartigen gotischen Bildteppiche zeigt. Obwohl es auch in mehreren Ortschaften Gasthöfe gibt, wäre aber ein Picknick im Freien nicht ohne Reiz, insbesondere auf den Aller-Wiesen hinter Celle, bei Wienhausen und Langlingen.
Beginn der **Radtour** ist in **Celle** die **Pfennig-Brücke** über die Aller, die man über den Nordwall erreicht. Hinter der Brücke biegen wir rechts ab und radeln auf einem ***Rad-Wanderweg*** am Ufer der ***Aller*** entlang flußaufwärts nach Südosten. Die Aller ist bei Celle etwa 20 Meter breit, aber erst westlich der Stadt schiffbar. Der Radweg schwenkt vom Ufer fort, überquert den ***Freitagsgraben*** und die ***Lachte*** und führt wieder zum Aller-Ufer, das von hohem Rohr bestanden ist und deshalb ein romantisches Ambiente hat. Der Weg schwenkt zur Landstraße, wo wir die Straße überqueren und rechts weiterfahren. Wir biegen in den zweiten Asphaltweg nach **Osterloh** ein. Dort fahren wir wir in den Weg links (!) der ***Oppershäuser Straße*** und radeln aus dem Dorf hinaus. Wir folgen dem Verlauf der schmalen Asphaltstraße über mehrere Brücken. Der sehr angenehm zu radelnde Weg wird von zahlreichen Wasserläufen begleitet, alte Eichen stehen am Wegrand. In **Oppershausen** fahren wir geradeaus und biegen am Gasthof rechts in den Radweg nach **Wienhausen** ein. Gleich am Ortsbeginn fahren wir rechts auf der ***Mühlenstraße***, die zu beiden Seiten von Gewässern eingegrenzt ist, zum Kloster. Man erreicht zuerst das würdevolle Rathaus, einen 1591 errichteten Fachwerkbau, der früher einmal die Mühle war. Links davon erhebt sich der hohe Fachwerkbau der neuen **Mühle** mit Mühlrad. Neben der Mühle beginnt die ***Port-Bail-Promenade*** längs des Mühlengrabens,

Kloster Wienhausen – hier die Ansicht vom Mühlenteich – ist zu jeder Jahreszeit einen Besuch wert.

die zwar ein Fußweg ist, aber den schönsten Blick auf das Kloster bietet.
Man gelangt auch auf der anderen Seite des Mühlengrabens zum Klostereingang. Unterwegs sieht man zuerst die **Gemeindekirche**, den östlichen Teil des Kirchentrakts, dann den Nonnenchor, der in einem gotischen Treppengiebel mit Maßwerkfenster endet. Im rechten Winkel dazu steht der Treppengiebel des Westflügels, der gröber gemauert und ebenfalls mit einem Treppentürmchen versehen ist. Dort befindet sich die Klausur mit Kreuzgang. Der Westflügel mit der Klausur und der Nonnenchor sind die bedeutendsten Bauten des zwischen 1221 und 1229 gegründeten **Zisterzienserinnenklosters Wienhausen**. Der Nonnenchor, mit vier Jochen der größte der Heideklöster, zeigt eine reiche, geschlossene Ausmalung aus der Zeit um 1335, also aus gotischer Zeit, der eine Wandbemalung in dieser Fülle und Pracht im Grunde fremd war. Eine Klosterführung ist unbedingt zu empfehlen.
Vom Kloster fahren wir zur ***Hauptstraße***, wo wir, vorbei am Edeka-Markt, in Richtung Offensen radeln. Beim Restaurant »Walnuß« halten wir uns links und verlassen auf dem Radweg den Ort. Hinter der

Längs der Aller bei Celle lassen sich auf guten Wegen ausgezeichnet Fahrradausflüge unternehmen.

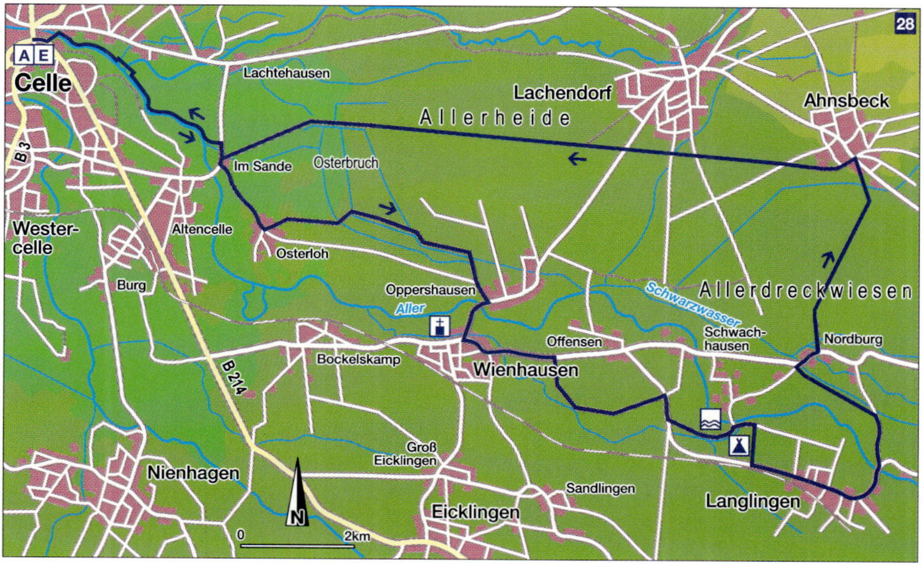

großen Linkskurve fahren wir rechts in einen Asphaltweg (Wegpilz). Durch eine schöne Birkenallee erreicht man die Landstraße, wo wir auf dem Radweg 500 Meter rechts fahren, dann nach links (Wegpilz) in den ***Lütersweg*** einbiegen, der zum **Strandfreibad Langlinger Schleuse** führt.
Durch ein Kleingartengebiet fahren wir bis zur ***Schleuse*** am Gasthof Allerparadies, wo wir nach rechts weiterfahren und dem Verlauf des ***Schleusenwegs*** folgen. Hinter dem ***Campingplatz*** fahren wir rechts und kehren zur Landstraße zurück, wo wir links (Radweg) nach **Langlingen** fahren. Wir durchqueren den Ort immer geradeaus, kurz hinter der Post – hier befinden sich **Heimatmuseum** und **Fachwerkkirche** – wenden wir uns links in Richtung Nienhof. Hinter der ***Aller-Brücke*** fahren wir auf der Landstraße (ohne Radweg) in Richtung Nordburg. Nach knapp 1000 Metern, bei einer Metallgitterbrücke, biegen wir links in eine schöne Birkenallee ein, die an einer T-Kreuzung endet. Dort erreichen wir nach rechts **Nordburg**. In dem schmucken Dorf stehen mehrere alte Fachwerkspeicher aus dem 17. Jahrhundert, die prachtvollen Höfe sind hergerichtet. Es lohnt sich, vom Rad zu steigen und das Dorf zu besichtigen.
Wir fahren durch den Ort und biegen links in den ***Wiesenweg*** ein, der geradeaus durch die Allerdreckwiesen nach **Ahnsbeck** führt. An der Hauptstraße in Ahnbeck, beim ***Feuerwehrturm***, halten wir uns links und biegen kurz darauf links in den ***Altenceller Weg*** ein. Dieser breite Weg, der elf Kilometer schnurgerade durch das Waldgebiet der Allerheide bis nach ***Altencelle*** führt, hat auf dem Großteil der Strecke mal rechts, mal links einen guten Radweg. Man kreuzt unterwegs einige Straßen, kommt aber an keinem Gasthof vorbei, dafür aber an einigen Rastplätzen. Kurz hinter Ahnsbeck liegt rechts am Waldrand ein Fahrplatz eines Reitvereins: Wenn man Glück hat, trainieren gerade einige Gespannführer, was immer ein Schauspiel ist. Kurz vor **Altencelle** fährt man über den ***Osterbruchkanal,*** dann trifft man an der Landstraße ein, die von der Herfahrt bereits bekannt ist. Wir fahren längs der Landstraße 300 Meter nach rechts (Radweg) und biegen links zur Aller ab. Längs des Uferwegs trifft man wieder an der ***Pfennig-Brücke*** nahe der Altstadt ein. Über die ***Theo-Wilkens-Straße*** kommt man zum ***Nordwall***.

Radverleih
2-Rad-Meier GmbH, Neustadt 42 A, 29225 Celle, Tel. 05141/41369.

Übernachtungen unterwegs
Landhotel Klosterhof, Dorfstr. 16, 29342 Wienhausen (Oppershausen), Tel. 05149/98030.

Einkehrmöglichkeiten
Bayerische Botschaft, Bergstr. 34, 29221 Celle, Tel. 05141/23719, Montag Ruhetag; Wirtshaus zum Mühlengrund, Mühlenstr. 1, 29342 Wienhausen, Tel. 05149/331.

Öffnungszeiten
Kloster Wienhausen, 29342 Wienhausen, Tel. 05149/357, stündl. Führungen: 1. April – 15. Okt. werktags sowie an nichtkirchl. Feiertagen 10, 11, 14, 15, 16 und 17 Uhr, So und an kirchl. Feiertagen 12 – 17 Uhr, geschlossen: Di und Do vor Pfingsten und 3. Di nach Pfingsten sowie Di und Do vor Michaelis; Dorfmuseum Langlingen, Hauptstr. 44, 29364 Langlingen, Tel. 05082/525, März – Sept. jeden 2. Sonntag im Monat 15 – 18 Uhr.

Auskunft
Tourist-Information Celle, Markt 6, 29221 Celle, Tel. 05141/1212; Verkehrsverein Samtgemeinde Flotwedel, Hauptstr. 7, 29342 Wienhausen, Tel. 05149/8899.

Landkarten
Radwanderkarte RC 3526 Celle 1:75 000.

29 Von Celle über Oldendorf und Hermannsburg nach Müden

Celle – Boye – Eversen – Hof Beutzen – Oldendorf – Schlüpke – Hermannsburg – Müden

Ausgangsort
Celle, Anfahrt mit der Bahn.

Zielpunkt
Müden, Rückfahrt auf demselben Weg oder wie Tour 21.

Gesamttourenlänge
38 km.

Zeitbedarf
4 Stunden Fahrtzeit.

Etappen
12,5 km bis Wolthausen, 8 km bis Eversen, 6,5 km bis Oldendorf, 5 km bis Hermannsburg, 6 km bis Müden/Örtze.

Steigungen
So gut wie keine Steigungen.

Geländestruktur
Tal der Örtze, Geestplatte östlich des Örtze-Tals.

Sehenswertes
Boye, die Örtze, Treppenspeicher und vogelkundliche Ausstellung in Oldendorf.

Wegmarkierungen
Wegweiser.

Empfehlenswerter Radtyp
Tourenrad.

Die Route führt auf dem längeren Teil der Strecke am Rand des Örtzetals nach Norden und berührt die Orte Wolthausen, Feuerschützenbostel, Eversen, Beutzen und Oldendorf. In Müden/Örtze ist Ende der Tagestour. Da keine der Gemeinden an der Örtze einen Bahnanschluß hat, bleibt nur der Rückweg per Rad – auf demselben Weg oder wie unter Tour 21 beschrieben.
Bedeutendste Sehenswürdigkeit ist das **Barockschloß am Westrand der Celler Altstadt**, das in der an Schlössern armen Lüneburger Heide eine Ausnahme darstellt. Hier residierten von 1377 bis 1705 die lüneburgischen Herzöge von Braunschweig-Lüneburg. Das vierflügelige Schloß mit seinen markanten Ecktürmen wurde unter Herzog Ernst dem Bekenner und dessen Söhnen im 16. Jahrhundert zu einem prachtvollen Renaissancebau umgestaltet. Herzog Georg Wilhelm ließ es nach 1670 zu einem Barockschloß umbauen – mit Ausnahme des Ostflügels, dessen Renaissancefassade als die Hauptschauseite des Schlosses erhalten blieb. Künstlerisch bedeutendster Teil des Schlosses ist die Schloßkapelle, deren bildnerische Gestaltung ganz im Zeichen der protestantischen Frömmigkeit nach der Reformation steht. Besucher sollten sich das Schloßtheater nicht entgehen lassen, eines der ältesten barocken Theater in Deutschland.
Start der **Radtour** ist das **Schloß**. Wir fahren vom Schloßplatz nach Norden, radeln links am ***Oberlandesgericht*** vorbei, biegen rechts in die ***Mühlenstraße*** (Umgehungsstraße) ein und fahren über die ***Aller***. Kurz dahinter beginnt links der ***Bremer Weg***, der durch ein ruhiges Wohnviertel führt und in den ***Winsener Weg*** übergeht (mit Radweg).
Wir erreichen den Stadtteil **Boye**, den »Nobel-Vorort« von Celle. Zahlreiche niederdeutsche Bauernhäuser sind hier auf phantasievolle Weise umgebaut worden, besonders auf der Seite zur Aller.

29 Von Celle über Oldendorf und Hermannsburg nach Müden

Kurz die nächste Etappe besprochen, dann geht's weiter längs der Ärtze durch die südliche Lüneburger Heide.

Wir biegen hinter der ***Brücke*** rechts in den ***Kirchweg*** ein, am Kreisel fahren wir halblinks auf dem ***Wolthausener Weg*** geradeaus bis zur Bundesstraße 3. Dort überqueren wir vorsichtig die Straße, fahren nach links auf dem Radweg 1600 Meter weiter und biegen hinter einigen Fischteichen und dem ***Bruchbach*** rechts in einen Radweg ein. Der Weg nähert sich dem Bruchbach und endet an einer ***Brücke***, wo wir links in Richtung **Wolthausen** weiterfahren. An der Landstraße angekommen, umfahren wir den ***Wanderparkplatz*** und biegen rechts ab. Nach 350 Metern führt links der Weg weiter in Richtung ***Eversen***. Man trifft unterwegs auf eine Wanderhütte, einige hundert Meter dahinter, bei einer Holzschranke am Wegesrand, kommt man gut an die ***Örtze*** hinunter, die hier ganz nah ist.

Die Örtze fließt – man erkennt es an den Abhängen nah am Weg und 300 bis 400 Meter gegenüber – in einer eiszeitlichen Schmelzwasserrinne. In **Feuerschützenbostel** liegt links der Asphaltstraße, versteckt hinter einer Reihe von Tannen, ein großer Teich mit Bänken. Hinter dem kleinen Ort gibt es wieder eine Möglichkeit, an die Örtze hinunterzugehen, auch 200 Meter vor **Eversen** kommt man gut hinunter. Geradeaus radeln wir auf der

In Oldendorf findet man noch einen alten Turmspeicher mit Reetdach und Pferdeköpfen am Giebel.

Örtzestraße durch Eversen, überqueren die Dorfstraße und fahren auf dem ***Beutzer Weg*** geradeaus weiter. Ein Kilometer hinter der ***Dorfstraße*** führt links die Route weiter nach ***Beutzen*** und ***Oldendorf***. Man kommt an schönen Fischteichen vorbei, kurz dahinter, an einer Kreuzung, führt links eine ***Brücke*** über die Örtze. Wir fahren aber geradeaus weiter, passieren eine Wanderhütte, überqueren einen Bachlauf und fahren durch **Hof Beutzen**. Hinter dem Anwesen, bei einer stattlichen Reihe alter Eichen, führt ein Weg hinunter zur Örtze. Schnurgerade führt die Straße nach **Oldendorf**, kurz vor dem Ort liegt links das **Erich-Eickenrodt-Haus**, wo im Hochsommer eine vogelkundliche Ausstellung geöffnet ist. Auch ein **Waldlehrpfad** wurde ganz in der Nähe eingerichtet. Auf dem ***Beutzener Weg*** fahren wir zur ***Escheder Straße***: Nach links, kurz hinter der Örtze, findet man den sehr einladenden Gasthof Im Örtzetal. Gegenüber, in dem Weg Örtzheide, kann man man hinter der Biegung einen alten Treppenspeicher entdecken. Zurück vom Abstecher über die ***Örtze-Brücke,*** radeln wir weiter auf dem Weg ***Dicksbarg*** am Ufer der Örtze entlang. Kurz vor dem ***Campingplatz*** kommt man auf einer Holzbrücke über die Örtze. Vorbei am Campingplatz radeln wir weiter in Rich-

tung **Schlüpke** und Hermannsburg. Große Teile der Strecke sind ruhige Asphaltwege. In **Hermannsburg** angekommen, fahren wir am Ende des ***Schlüpker Wegs*** links in die ***Lotharstraße***, die Hauptverkehrsstraße.
Der Name **Hermannsburg** geht zurück auf Markgraf Hermann Billung (gestorben 973). Der Heideort steht ganz im Zeichen seiner Kirchen und des Wirkens von Pastor Ludwig Harms (1808 – 1865), Begründer der Hermannsburger Mission, die 1849 als eine Erneuerungbewegung der protestantischen Kirche entstand.
Am **Ludwig-Harms-Haus** radeln wir rechts in die ***Harmsstraße***, bei der Bäckerei links in den ***Lutterweg***, weiter in die ***Waldstraße*** und auf dem Weg ***Lutter***. Am **Hof Lutter** findet man links einen Rastplatz an der Örtze. Vor der Straßenbrücke (weißes Geländer) führt rechts der Radweg durch den Wald nach **Müden** an der Örtze. Bei der Gabelung geradeaus halten. (Zu Müden siehe Tour 21.)

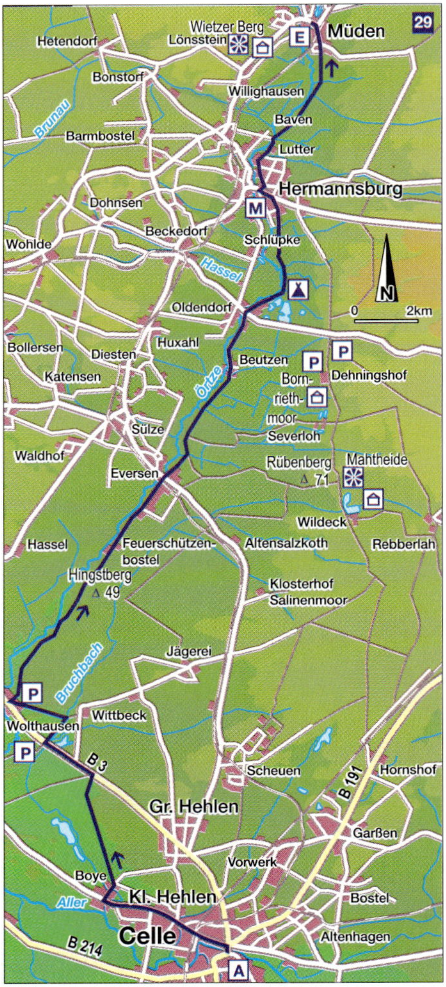

Radverleih
2-Rad-Meier GmbH, Neustadt 42 A, 29225 Celle, Tel. 05141/41369.

Übernachtungen unterwegs
Heidehof, Billungstr. 29, 29320 Hermannsburg, Tel. 05052/9700; Niemeyers Posthotel, Hauptstr. 7, 29328 Müden/Örtze, Tel. 05053/98900.

Einkehrmöglichkeiten
Gasthof Im Örtzetal, Eschedeer Str. 2, 29320 Hermannsburg (Oldendorf), Tel. 05052/448; Niemeyers Posthotel, Hauptstr. 7, 29328 Müden/Örtze, Tel. 05053/98900.

Öffnungszeiten
Schloß Celle, 29221 Celle, Tel. 05141/382626, Di – Do, Sa und So 10 – 17 Uhr, im Jan. geschlossen; Erich-Eickenrodt-Haus, Beutzener Weg, 29320 Hermannsburg (Oldendorf), 15. Juli – 30. August, Sa 14 – 17 Uhr, So 10 – 12, 14 – 17 Uhr, Kontakt: Deutscher Bund für Vogelschutz e.V., Tel. 05141/6668; Ludwig-Harms-Haus, Harmsstr. 2, 29320 Hermannsburg, Tel. 05052/69220-21.

Auskunft
Tourist-Information Celle, Markt 6, 29221 Celle, Tel. 05141/1212; Verkehrsbüro Müden/Örtze, Hauptstr. 6, 29328 Faßberg II, Tel. 05053/329.

Landkarten
Freizeitkarte für den Landkreis Celle (1:20 000).

30 Von Celle über Wienhausen nach Gifhorn

Celle – Wienhausen – Langlingen – Müden/Aller – Gifhorn

Ausgangsort
Celle, Anfahrt mit der Bahn.

Zielpunkt
Gifhorn, Rückfahrt mit der Bahn.

Gesamttourenlänge
38 km.

Zeitbedarf
4 Stunden Fahrtzeit.

Etappen
11 km bis Wienhausen, 15 km Müden/Aller, 12 km bis Gifhorn.

Steigungen
Wenige Steigungen.

Geländestruktur
Niederung der Aller.

Sehenswertes
Kloster Wienhausen, Kirche in Müden/Aller, Schloß und Mühlenmuseum in Gifhorn.

Wegmarkierungen
Radfernweg Celle-Gifhorn (Wegpilze).

Empfehlenswerter Radtyp
Tourenrad.

Beginn der **Radtour** ist in **Celle** die *Pfennig-Brücke* über die Aller, die man über den *Nordwall* erreicht. Hinter der Brücke biegen wir rechts ab und radeln auf einem *Rad-Wanderweg* am *Allerufer* entlang flußaufwärts nach Südosten. Der Radweg schwenkt vom Ufer fort, überquert den *Freitagsgraben* und die *Lachte* und führt wieder zum Aller-Ufer. Der Weg schwenkt zur Landstraße, wo wir die Straße überqueren und rechts weiterfahren. Wir biegen in den zweiten Asphaltweg nach **Osterloh** ein. Dort fahren wir wir in den Weg links (!) der *Oppershäuser Straße* und radeln aus dem Dorf hinaus. Wir folgen dem Verlauf der schmalen Asphaltstraße über mehrere Brücken. Der sehr angenehm zu radelnde Weg wird

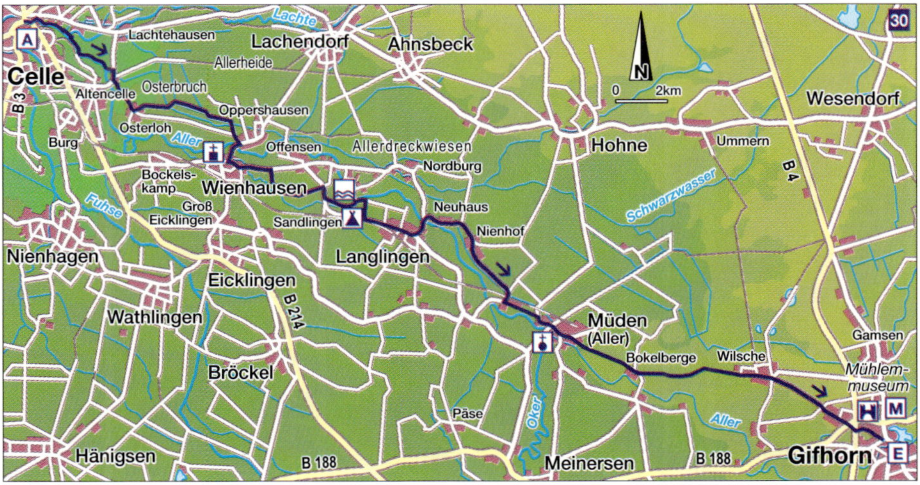

Längs der Aller bei Celle lernt man eine stille Marschenlandschaft mit Gehölzen und Bachläufen kennen.

von zahlreichen Wasserläufen begleitet, alte Eichen stehen am Wegrand.
In **Oppershausen** fahren wir geradeaus, am Gasthof halten wir uns rechts auf dem Radweg nach **Wienhausen**. Gleich zu Beginn führt rechts die ***Mühlenstraße***, die zu beiden Seiten von Gewässern eingegrenzt ist, zum **Kloster** *(zum Kloster Wienhausen siehe Tour 28)*.
Vom Kloster Wienhausen fahren wir zur Hauptstraße, wo wir, vorbei am Edeka-Markt, in Richtung **Offensen** radeln.
Beim Restaurant »Walnuß« halten wir uns links und verlassen auf dem Radweg den Ort. Hinter der großen Linkskurve fahren wir rechts in einen Asphaltweg (Wegpilz). Durch eine schöne Birkenallee erreicht man die Landstraße, wo wir auf dem Radweg 500 Meter rechts fahren, dann nach links (Wegpilz) in den ***Lütersweg*** einbiegen, der zum **Strandfreibad Langlinger Schleuse** führt. Durch ein Kleingartengebiet fahren wir bis zur ***Schleuse*** am Gasthof Allerparadies, wo wir nach rechts

Alte und neue Mühle (rechts) in Wienhausen ziehen den Blick der Besucher des Klosters auf sich.

weiterfahren und dem Verlauf des Schleusenwegs folgen. Hinter dem ***Campingplatz*** fahren wir rechts und kehren zur Landstraße zurück, wo wir links (Radweg) nach **Langlingen** fahren. Wir durchqueren den Ort geradeaus, kurz hinter der Post – hier findet man das **Heimatmuseum**, auch die **Fachwerkkirche** ist interessant – wenden wir uns links in Richtung ***Neuhaus***. Hinter der ***Aller-Brücke*** fahren wir rechts über ***Neuhaus*** und ***Nienhof*** nach **Müden** (Aller). Die Route führt hier über die Landstraße, denn die auf vielen Karten angegebenen Radwege sind sehr sandig.

In **Müden (Aller)** fahren wir auf der Hauptstraße durch den langgestreckten Ort.

Unterwegs lohnt ein kurzer Abstecher zur **Kirche**, die in einem Ensemble alter Höfe rechts der Straße an der Aller steht. Der spätgotische Bau ist aus Feld- und Backsteinen errichtet und zeigt, wie viele Heidekirchen, Anbauten im Fachwerk. Bei einem Gang rings um die Kirche entdeckt man Epitaphien der Familie Marenholtz, eines sogar mit drei sorgfältig herausgemeißelten Figuren. In der Nähe sind das **Pfarrwitwen-** und das **Küsterhaus** erhalten.

Wir folgen der ***Hauptstraße***, biegen links in die ***Breite Straße*** ein, überqueren die ***Bahnhofstraße*** und fahren durch die ***Triftstraße***, dann halbrechts in den ***Bokelberger Weg*** in Richtung Bokelberge. Am Ende der Straße beginnt ein durch Holzpfähle abgegrenzter Radweg längs des Waldweges in Richtung *Gifhorn*.

In **Bokelberge** fahren wir geradeaus durch den Ort. Zweimal biegt die Straße rechts ab – wir halten uns strikt geradeaus. Wieder beginnt ein durch Holzpfähle abgegrenzter Radweg längs des Waldweges. Bei einer schrägen T-Kreuzung halten wir uns rechts. Auf dem ***Diekhorster Weg*** erreichen wir **Wilsche**, auf der ***Alten Poststraße*** radeln wir durch den Ort. Am Ehrenmal überqueren wir die Straße und fahren auf dem ***Gifhorner Weg*** (Radweg) geradeaus weiter. Wir unterfahren die ***Bundesstraße 188***, kreuzen die Bundesstraße 4 und fahren auf den Straßen ***Wilscher Weg*** und ***Am Weinberg*** zum Zentrum von **Gifhorn**. Der beste Weg in die Altstadt führt durch die ***Torstraße***.

Gifhorn war neben Braunschweig und Celle als dritte Residenzstadt auserkoren, wovon das erst kürzlich restaurierte **Schloß** nordöstlich der Altstadt zeugt. Man betritt die Schloßanlage durch das Torhaus, 1525/26 im Stil der Weserrenaissance errichtet. Auf dem Schloßplatz stehend, sieht man rechter Hand das Ablagerhaus, geradeaus das Kommandantenhaus. Dazwischen steht die 1547 errichtete ***Schloßkapelle***, wo sich auch der Eingang zum Historischen Museum befindet.

Weitere Sehenswürdigkeit Gifhorns ist das **Internationale Wind- und Wassermühlenmuseum** nördlich der Altstadt am **Mühlensee** mit einem Nachbau der berühmten Mühle von Sanssouci, zahlreichen hier wieder aufgebauten Mühlen und vielen Modellen im Maßstab 1:25.

In der Altstadt lenkt die Hauptkirche St. Nikolai am Marktplatz die Blicke auf sich: Das Gotteshaus, ein langer Saalbau mit Westturm und angebauter Sakristei, wurde 1734-44 von Landesbaumeister Otto Heinrich von Bonn errichtet. Von der Innenausstattung sind der Kanzelaltar und die Orgel von Christian Vater (1748) mit Rokokoprospekt erwähnenswert. Schräg gegenüber der Kirche steht das Rathaus (»Ratskeller«) von 1562, einer der wenigen alten Fachwerkbauten in Gifhorn.

Radverleih
2-Rad-Meier GmbH, Neustadt 42 A, 29225 Celle, Tel. 05141/41369.

Übernachtungen unterwegs
Deutsches Haus, Torstr. 11, 38518 Gifhorn, Tel. 05371/8180.

Einkehrmöglichkeiten
Wirtshaus zum Mühlengrund, Mühlenstr. 1, 29342 Wienhausen, Tel. 05149/331; Restaurant zur Heidequelle, Am Bahnhof 16, 38539 Müden/Aller (Flettmar), Tel. 05375/309; Deutsches Haus, Torstr. 11, 38518 Gifhorn, Tel. 05371/8180.

Öffnungszeiten
Historisches Museum Schloß Gifhorn, Schloßplatz 1, 38518 Gifhorn, Tel. 05371/82422-5, Di – Fr 14 – 18 Uhr, Sa und So 11 – 17 Uhr, internationales Wind- und Wassermühlenmuseum, Bromer Str. 2, 38518 Gifhorn, Tel. 05371/55466, 15. März – 31. Okt. tägl. 10 – 18 Uhr, Nov. Di – So 10 – 17 Uhr, Dez. Sa, So 10 – 17 Uhr.

Auskunft
Tourist-Information Gifhorn, Marktplatz 1, 38518 Gifhorn, Tel. 05371/88175.

Landkarten
Radwanderkarte RC 3526 Celle 1:75 000.

Informationen für Radwanderer

Mit Rad und Tat dabei!

Kilometerangaben
Die Kilometerangaben beziehen sich auf die beschriebene Route, der Rückweg ist also nicht immer inbegriffen.

Öffnungszeiten
Öffnungszeiten betreffen, wenn nicht anders angegeben, die Hauptsaison. Im Zweifelsfall gibt der örtliche Fremdenverkehrsverein Auskunft.

Radtypen
Eine Gangschaltung erleichtert auch in der sanfhügeligen Lüneburger Heide das Radfahren. Breite Reifen sind auf sandigen Strecken immer von Vorteil.

Radpflege und Reparaturkunde
Der empfindlichste Teil des Rades ist die Kette. Laub, Zweige und Halme sollte man sofort aus der Kette entfernen, vor allem bei Kettenschaltungen. Sand von den Zahnrädern zu entfernen, ist bei Regen nutzlos: Besser am Tag darauf mit einer Bürste entfernen. Die Kette muß immer leicht gefettet sein. Bei Regen verliert sie sämtliches Öl, nach dem Trocknen beginnt sie zu rosten, leiert aus und ist bald nicht mehr zu gebrauchen. Ketten, die Öl brauchen, sind »laut«, sie knirschen. Man sollte die Reifen ab und zu auf Partikel untersuchen, die sich in das Profil gebohrt haben. Reifen mit grobem Profil sind immer von Vorteil.

Zubehör
Luftpumpe (passend zu den Ventilen!), Flickzeug samt Ventilen und »Mantelheber«, einige Schraubenschlüssel und Schraubendreher sollten auf jeder längeren Radtour dabei sein!

Verkehrsbestimmungen
Die in der Lüneburger Heide sehr zahlreichen Truppenübungsplätze dürfen weder betreten noch befahren werden. Für den Zivilverkehr gibt es einige Durchgangsstraßen durch diese Gebiete, die auf keinen Fall verlassen werden dürfen. Militärkolonnen müssen ungehindert passieren können – Radfahrer sollten am besten absteigen und am Straßenrand warten, bis die Kolonne vorbeigefahren ist.

Radverleih
In allen wichtigen Feriengebieten gibt es eine ausreichende Anzahl von Fahrradverleihern. Kurverwaltungen und Fremdenverkehrsvereine helfen gern bei der Vermittlung.
Beim Aussuchen eines geeigneten Fahrrads gilt die Regel: Ausprobieren und kurzes Probefahren müssen sein!
Der Sattel sollte stets so hoch eingestellt sein, daß man mit den Zehenspitzen den Boden erreicht. Unbedingt die Bremsen und den Reifendruck prüfen. Die Lichtanlage muß gut funktionieren – auch im Sommer (wichtig bei verspäteter Rückfahrt während der Dämmerung). Man sollte immer den Rückgabezeitpunkt vereinbaren und sich die Telefonnummer des Verleihers geben lassen.

Planung und Radtransport
Touren mit dem Fahrrad wollen geplant sein. Wichtigste Frage ist – neben der Länge – die Rückfahrt. Insofern ist die Anfahrt mit dem Wagen und den Rädern auf dem Autodach nicht immer ideal, bedeutet dies doch eine Rückfahrt aus eigener Kraft. Anfahrt oder Rückfahrt mit der Bahn sind insofern oft die elegantere, weil leichtere Lösung. Wann immer die Bahn in eine Tour integriert werden kann, wird in der Beschreibung darauf hingewiesen.

Anreise zum Tourenstart

Bahnfahren in der Heide

Die Lüneburger Heide ist durch Bahnverbindungen recht gut erschlossen. Die wichtigsten Bahnverbindungen sind:

- Bahnlinie 110 von Hamburg nach Hannover über Winsen/Luhe, Lüneburg, Bad Bevensen, Uelzen, Unterlüß und Celle;
- Bahnlinie 116 von Bremen nach Uelzen über Soltau, Munster und Ebstorf;
- Bahnlinie 120 von Hamburg über Buchholz nach Rotenberg/Wümme und Bremen;
- Bahnlinie 123 (»Heidebahn«) von Buchholz nach Hannover über Handeloh, Schneverdingen, Soltau, Dorfmark, Fallingbostel, Walsrode Hodenhagen und Schwarmstedt;

Ferner gibt es »Museumszüge«, die einige Male im Jahr abgelegene Strecken befahren:

- »Heide-Expreß«: Dieser dieselgetriebene Zug befährt Güterzug-Strecken und fährt zu bestimmten Anläßen (z. B. »Windmühlenfest in Eyendorf«) Heideorte an, die sonst per Bahn nicht erreichbar sind. Die wichtigsten Orte sind: Döhle und Egestorf, Soderstorf, Oldendorf und Eyendorf, Amelinghausen und Salzhausen, Scharnebeck, Bleckede und Neetze sowie Winsen/Luhe. Ausgangsbahnhof ist in den meisten Fällen Lüneburg. Fahrräder werden mitgenommen. Die wenigen Fahrten sind oft lange Zeit im voraus ausgebucht, daher frühzeitig Fahrkarten reservieren lassen. Kartenverkauf bei den örtlichen Fremdenverkehrsvereinen (Lüneburg, Amelinghausen, Salzhausen, Uelzen), im Reisezentrum Hamburg Hbf sowie beim Veranstalter selbst: Tel. 04131/48884 (Herr Reinecke).
- »Celler Land-Expreß«: Der Zug befährt einige Male im Jahr die Route Celle-Müden/Örtze über Beckedorf und Hermannsburg. Karten beim Verkehrsverein Celle und beim Veranstalter: Tel. 05341/392930.

Gute Planung

Vorbereitung

Die angemessene Vorbereitung auf eine Radtour ist – Radfahren. Man beginne mit kurzen Strecken ohne viel Verkehr und ohne Steigungen.

Ein guter Ausgleich ist Schwimmen – auf vielen Touren haben Sie Gelegenheit dazu!

Ausrüstung und Proviant

Man sollte beim Radfahren auf einen schweren Rucksack verzichten, für Gepäck ist der Gepäckträger da. Es gibt Gepäckträgertaschen, die sich bei Bedarf als Rucksack benutzen lassen.

Regenschutz ist ein »Muß« für jeden Radfahrer, ferner Reparaturzeug (siehe Seite 125).

Im Hochsommer sollte man sich nicht auf Gaststätten usw. verlassen, sondern stets Getränke mitnehmen.

Der Körper braucht bei Hitze viel Flüssigkeit; man sollte regelmäßig trinken. Wie bei jedem Sport gilt auch hier die Regel: Mit vollem Magen radelt es sich nicht gern. Daher sollte man unterwegs eher wenig essen, die große Mahlzeit auf das Ende der Tour legen. Ggf. sollte man »Energie-Riegel« mitnehmen.

Vergessen Sie nicht, ein paar Pflaster, elastische Binden, Insektenstift u. ä. einzupacken.

Kleidung und Sonnenschutz

Bequeme, atmungsaktive Fasern (Baumwolle, Seide, Leinen u. ä.) – die zudem im »Zwiebellook« Feuchtigkeit aufsaugen, wenn Sie bei der einen oder anderen Steigung ins Schwitzen geraten sollten – sind zum Radfahren ideal.

Ziehen Sie also beispielsweise ein Sweatshirt über Hemd oder Bluse, unter dem Sie ein T-Shirt tragen, und nehmen Sie eine Jacke mit.

Vergessen Sie nie, ausreichenden Sonnenschutz mit hohem Lichtschutzfaktor und vielleicht auch eine Kopfbedeckung mitzunehmen.

Kontakte
Fremdenverkehrsverband
Lüneburger Heide e. V., Lüner Weg 22
21337 Lüneburg
Tel. 04131/52063

Verein Naturschutzpark Lüneburger Heide
Niederhaverbeck
29646 Bispingen
Tel. 05198/408

Allgemeiner Deutscher Fahrrad-Club (ADFC),
Bundesgeschäftsstelle
Postfach 10 77 47
28077 Bremen
Tel. 0421/34629-0, Fax 0421/34629-50

Zum Schluß – das Wetter

Wettervorhersagen
Allgemeine Wettervorhersage vom
Deutschen Wetterdienst (DWD)
für Niedersachsen
Tel. 0190/116402

Kartensymbole

- Tourennummer
- Anfangspunkt
- Endpunkt
- Kirche
- Schloß
- Spezialitätenrestaurant
- Bademöglichkeit
- Museum
- spezieller Tierbestand
- Ruine
- Kloster
- Kapelle
- Parkplatz
- Aussichtspunkt
- Campingplatz
- Bahnhof
- Gipfel
- Aussichtsturm
- Kirchenruine
- Klosterruine
- Jugendherberge

Ortsregister